# 成长的『创意』

## 立德树人的51个“发现”

何春秀 著

序　一

# 教育的“发现”与“发现”的教育

施文龙

读完了这本书，感触颇深，同时也生成了一个基本的判断，何春秀校长的《成长的“创意”——立德树人的51个“发现”》很有阅读学习的价值，这种价值首先是教育的意义促成的。教育本身就有意义，这是事实，但如何实现这种意义，我想最基本条件还得需要校长对教育有崇高追求。换句话说，孜孜不倦地追求教育境界的校长才能独具慧眼，才会深入思考，才有可能发现与实践。何春秀校长从做语文老师起，从做校长起，边教书，边钻研，边实践，边提炼，乐此不疲。

我想借着“发现”说一说教育意义发现的前提条件。教育意义的发现，需要我们树立正确的教育价值观。从校长的角度看，正确的教育观，无非就是矢志不渝的教育情怀，脚踏实地的实干精神，坚持创新的工作态度。这就需要我们做到对党的教育事业无比忠诚，对奉贤教育事业的发展给予充分关注并积极投身其中。当我们进入这种境界后，我们教育理想的实现就会落实到非常具化的工作中去了，我们就会在工作中遇见许多属于自己的教育意义的发现。

自己“发现”的创意才会有针对性的教育意义，这个意义既能作用于价值观层面的教育，也能作用于知识技能层面的教育。教育效果的实现，必须借助于教育发现给我们带来的经验或者启迪，因为这里的经验没有先验情结，是具体的，是鲜活的；也因为这里的启迪来自生活，这种生活少有预设，或者少有做作，是教育的生活本真，具有现场感、生活化的特点。在这样的情境里，发现学生需求，需求的层级感也会更明显、更真实。根据这些需求而实施的教育与教学活动，采用的教育教学手段，一方面与学生的认知水平吻合，另一方面与学生的实际生活贴近，因而可以有足够的理由相信效果的生成与壮大是水到渠成的。洪庙小学最近几年取得的成绩，充分证明了这一点。

教育的问题一直处在探索与解决的过程中，所以就特别需要我们的发现来解决这些问题。许多的原创思想、做法，是我们最基层校长或者老师提供的。事实证明，不少优秀的原创往往来自基层一线的大胆实践。教育是个做人心的活儿，我们需要教育专家的研究与奉献，需要管理部门的思考与操作，更需要一线校长的实践与经验，因为这些是直接服务于学校与学生的。何春秀校长的这本书，主标题为“成长的‘创意’”，副标题为“立德树人的51个‘发现’”，这不是臆想出来的。我在思忖：对学生的成长，不能仅仅当作事务性、程序化的工作，而是要作为具有思想性、创新化的课题，用“创意”去破解并找到新意。同时，立德树人是全方位、全过程、全员的。只要有育人价值，做教育的就要去“发现”。简言之，这是一本以事实来阐述用教育思想去发现育人价值，促进每一个学生全面发展、多元成长之“书”。可以说创意为成长喝彩，发现为教育开路。于是最重要的发现便是：有“心”的教育可以做得春风化雨、沁人心脾，有“术”的育人可以做得满面春风、水到渠成。事实上这本书里不少创意和发现就根植于每天的管理活动中，这些发现都是及时的，体验都是真切的，内容都是精准的，想法与措施也是实在的，因此效果也就自然而然了。

把教育管理当作事业做，醉心于教育管理的实践探索，应该是件幸福的事。当下“新成长教育”的全面展开，教育管理者的用武之地更为宽广，许多校长都想在自己的学校做出点成绩，这就要深入教师、学生中去，就像何春秀校长一样，把握好学校脉动的旋律，要读读书，要想想事，要厘清思路，要瞄准目标，要带头实干，这样就可能多一些更有意义的发现。

（本文作者为上海市奉贤区教育局局长）

## 序　二

# 校长要讲好教育的故事

金哲民

庚子鼠年匆匆而过，辛丑金牛奋蹄奔来。新年的假期还没有结束，春秀校长就给我送来了一沓准备出版的书稿，书名为《成长的“创意”——立德树人的51个“发现”》。其谦虚地说：“写了几个学校教育中立德树人的小故事，请您看看。”听她这么一说，我顿时有一种预感：这是一本应该值得一读的书。

春秀比较优秀：聪慧、好学、务实、利落，心中有目标，干事有成效。刚认识她时，其已是区内的语文骨干教师，语文课上得小有名气。那时我在市里开设了一门“小学作文教学设计及案例研究”的教师培训课程，我请她上过几堂课，反响也不错。后来她走上校长岗位，接手离南桥城区较远的洪庙小学，盘活资源，激发动力，继承创新，硬是在短短几年里就把一所农村小学管理得风生水起。在这样的情景里发生的故事，由这样的校长写出来的故事，应该是有看头的。

带着这样的期待，我便放下手头其他的活儿，认真地读起来。果不其然，书的可读性和启迪性都较强。

书名就很耐人寻味。一是成长应有怎样的创意呢？书中就有答案：成长需要思想的创意，需要结构的创意，需要前瞻的创意，成长的创意将让我们更加关注立德树人的微观落实机制，更加审视学生快乐成长的规律和艺术。二是为什么不写“50个发现”，而是写“51个发现”？作者虽然没说，但我觉得有象征意义：有了51，就还会有52、53……教育的发现没有句号，一生二，二生三，三生万物，发现无限。这除了说明作者想得很远之外，是否还在启发读者去做更多的发现呢？

全书的编排也很有创意，分为“育人无痕”“成长有约”“探索无穷”“自主有成”“历练无边”“爱心有情”“创生无限”“家校有育”八个篇章，教育何时要“无”？何时要“有”？何事要“无”？何事要“有”？从八个标题上就能窥见一斑，该无则无，该有则有，“无”有“无”的道理，“有”有“有”的法则。这就是教育的辩证法。每个篇章由五到七个小故事组成，像电视连续剧一样，一个故事就是一集剧情，单独成篇，你可以随便挑一个故事阅读，丝毫不受前后内容的限制。每个故事的写法也独具匠心，除了常规的标题和内容之外，故事叙述中加进了许多作者有感而发的点睛之笔。故事结束后，还有作者的一小段思考之语。这些内容可谓是本书的亮点，也是这些故事的价值所在。话语虽然不多，却起到了四两拨千斤的作用。你也可以将所有的故事连起来读，那等于在看一部连续的育人剧。看过之后，洪庙小学多方位、立体化、交融式、浸润性的育人生态环境和项目化、活动化、体验化、精细化的育人工作方式，仿佛就在你的眼前。

读故事不是最终的目的，我们要读出故事承载的道理和意义，读出故事背后的内涵和价值，读出故事中间的策略和路径，读出故事反映的方法和规律。书中的这些故事，或多或少都会给你一定的启迪。我在读的过程中，好多故事也能引发我的共鸣。

譬如《玩耍，也是一门功课》讲的是如何让孩子玩起来的故事。看到题目，我就击掌叫好：真是切中时弊。有人说现在的孩子也很会玩，手机游戏玩得不输成年人，高级玩具也玩得得心应手。但我总是感觉少了些什么，因为真的让他们到教室外，操场上去玩，却不知道玩什么，变得不会玩了。洪庙小学也碰到这样的问题，于是学校想方设法，成立项目课题组，研究学生“课间玩什么”，编制《传统游戏手册》，拍摄“游戏玩法”视频，组织学生玩游戏。如此一来，学生玩起来了，校园活起来了。我认为：玩中自有大学问，真正会玩的人，能找到生活里的乐趣。他们能让自己尽兴，也能让周围的空气热闹起来。生活变得好玩起来，世界变得有趣起来。

再譬如《让孩子看见自己的成长》主要讲学校如何做好校园文化氛围建设，通过展示学生作品、悬挂班级全家福、公示学生荣誉榜等形式，让孩子在校园中找到归属感，成为校园的小主人，遇见更美好的自己的故事。读完之后我就想到：校园文化的布置一定要尊重学生主体，一定要坚持儿童立场。我经常看到好多学校的墙面上挂满了中外名人的肖像或警句，这些对营造积极向上的学校文化当然有积极意义，但更重要的应该要营造学生自己的文化，营造活泼快乐、真实自然、自由向上的成长文化，让学生真正成为学校的主人。

又譬如《合唱比赛也能“转身”拉歌赛》讲述的是：学校每年国庆节都要举行班班合唱比赛，每个班级轮流上台合唱。如此的传统做法由于缺乏新意而提不起大家的热情。怎样改变这个状况呢？军嫂老师向学校提议，像部队那样，开展校园拉歌赛。提议得到响应，于是经过精心设计、精心训练，拉歌赛如期举行，场面壮观，气氛热烈，此起彼伏，歌声一浪盖过一浪，活动取得了很好的效果。这个故事告诉我们：学校有许多常规工作，须得年年做。但年复一年，一个模样，一直重复昨天的故事，不但会影响工作效率，还会影响学校的精气神。因此，常规工作要不断改进，要不断改变，要不断改新，唯有这样，才能华丽转身，常做常新。

我常说：一所没有故事的学校不是真正意义上的学校。假如一所学校没有“故事”可以流传，那就是太规矩了、太死板了。那不是育人的学校，那是生产产品的流水线。教育需要智慧，而故事就是教育的智慧之一。因为故事是思想的烙印，可以对观念产生影响。一个有意义的故事往往可以激发你的同事，激励你的下属，甚至可以影响不认识的人。好的故事本身就蕴含着智慧。从这个意义上来说，校长能讲好教育的故事也是管理的艺术和智慧。

其实好多学校不是没有故事，而是缺乏发现故事的人。而春秀校长就有这方面的意识，带着一双发现的慧眼去发掘学校里的故事，再让这些故事去影响他人。当然，真的要做好“发现”，也不是一件容易的事，你一定要有发现的意识性，一定要有发现的敏感度，一定要有发现的洞察力！正如作者所说：“没有发现就没有教育，发现的教育就能使教育真正发生。”

我觉得：一个校长既要善于发现校园里的故事，从故事中找出教育的密码，找到教育的智慧；又要善于在校园里创造故事，利用故事化解矛盾，激发行动；还要善于讲好教育的故事，传递好故事的价值，发挥好故事的力量。如此的话，我相信：学校教育就会变得顺畅起来，变得灵动起来，变得智慧起来。

读完全书，掩卷望窗外，新年的阳光温柔而明媚，春的脚步越来越近了。开学在即，孩子们马上要踏进校园读书了。让我们怀着美好的教育理想一起去抒写春天里的故事。也愿春秀校长在新的天地里写出更多更好的故事。

是为序。

2021 年 2 月 20 日于贝港花苑

（本文作者为正高级教师，上海市特级校长、特级教师，上海市奉贤区教育学会会长）

## 目 录

目 录

目 录

目 录

# 写在前面的话

上海市奉贤区洪庙小学坐落沪上奉贤区奉城镇，前身为竟成小学，由革命烈士李主一创办于 1915 年（民国四年），“志者竟成”为学校校训，以勉励全校师生以远大志向成功事业、成就人生。

学校地处上海远郊，大部分生源为进沪务工人员的孩子和区域农家孩子。虽是一所普通的乡镇小学，但以“鸿鹄之志”的教育情怀，奉献了立德树人的“洪小版本”，为孩子们谱写了成长中美丽的华章。

洪庙小学立足校情，根据生源情况，倾情开展育人工作，细心呵护学生成长中的每一个细节、每一个发现、每一个收获，以创造性的育人范式为学生提供特殊的“养料”。学校格局，为学生打造；学校理念，为学生创生；学校文化，为学生创建；学校活动，为学生开展。为了学生健康、快乐、从容、自信地成长，学校竭尽所能。

洪庙小学在实施“五育并举”全面发展的立德树人过程中，形成了全面育人的活动链和良好的育人生态环境，多方位、立体化、交融式、浸润性地进行培育，尽可能地为学生搭建历练才干、增长智慧、促进成长的育人平台和活动载体。课程育人、文化育人、活动育人、实践育人、管理育人、协同育人，把育人工程细致化、精致化、活动化、项目化、体验化，让学生得到实实在在的成长。

本书从洪庙小学立德树人的过程中，仅撷取开展育人工作中的朵朵浪花，汇成 51 个“发现”，呈现给教育界同行和读者，向大家敞开我们在育人工作中的心路历程和点滴心得，期望与大家一起交流，为共同推进“今天的工程，明天的希望”的成长基业而努力。

# 关于书名的思索

## 追求不经意中的“惊艳”：成长没小事

将近步入中年，回眸几十年的教育生涯，我突然发现：教育的真正美丽不是装饰，也不是花哨，而是实实在在的成长，正像每年在稻田里长得饱满的谷子，当稻穗低垂优雅的头儿时，一茬的辛劳也就有了切实的回报。

教育，是讲究奉献的事业，也是追求回报的耕耘。

成长，是教育的最大回报，也是对教育的最好褒奖。

成长，是教育价值的最大化，也是教育功能的显性化。

成长，是教师最重要的功课，也是最有分量的作业。

因此，多年来，我一直把学生的成长视作金子般的作业、银子般的功课，当作使命般的追求、职责般的力求。

成长，从表面上看起来，是再普通不能普通的事儿，是再平常不能平常的工作。然而，真正教育的发生就在于普通中的不普通，真正产生教育效应的就在于平常中的不平常。

成长，会因为太普通而熟视无睹，也会因为太平常而轻视怠慢。

其实，不然。

成长，需要思想的“创意”。所有成长，都是思想的结晶。立德树人，就是育人思想的高度概括,也是培养目标的浓缩,基于立德树人的成长,才有成长的本义;源于立德树人的“创意”,才有创意的价值,这是对教育性质的答案,也是对教育功能的履职。

成长,需要结构的“创意”。成长,不能是以偏概全,也不能一高一低太明显,更不能出现结构性的不完善。讲究“五育并举”全面发展,就是讲成长的结构,结构丰满了,成长就会是饱满的。

成长,需要前瞻的“创意”。成长,是要面对未来的,成长的每一步,都是迈向未来。因此,成长要有眼下的容量,也要有未来的能量。成长一旦有积淀的分量,成长的前瞻性无人能及是一条路的延伸。

因此,我把此书的书名定为《成长的“创意”》,旨在把成长当作一个学问,当作一门科学,当作一种创新。成长的“创意”将让我们更加关注立德树人的微观落实机制,更加审视学生快乐成长的规律和艺术。

教育,总是在发现与被发现中完成教育者与被教育者的“角色互换”。好的教育,应当是一种互相发现的关系。

发现,虽然是一个极为普通的词儿,但发现的真正价值很有上升的空间,发现的真正功能还有极大开发的可能。

发现,就是教育的洞察力,把教育资源化为教育的财富,洞察就是储备;把教育内容化为教育的实践,洞察就是嫁接;把教育视角转化成教育的入口,洞察就是利器。

发现,就是教育的敏感度。育人,需要正常的敏感,能把握行进中的东西;育人,还需要特别的敏感,能看到背后的缘由;育人,更需要过人的敏感，能体察也许眼睛未必能达的心灵。

发现，就是教育的能见术。发现学生的短处，也发现学生的长处，让长处更突出，让短处更微小，这就是教育的能见之处；发现学生的个性，也发现学生的秉性，让个性更完善，让秉性更合理，这就是教育的能见之功；发现学生的今天，也发现学生的未来，让今天更美好，让未来更明媚，这就是教育的能见之高。

总之，没有发现就没有教育，发现的教育就能使教育真正发生。

因此，本书聚焦立德树人 51 个“发现”，都有各种发现的寻味。

套用广告语来概括的话，本书是探讨学生成长的“平台”，研讨“创意”的“圆桌”，也是发现教育的“大餐”，值得调动“味蕾”细细品味。

# 第一篇

# 育人无痕

育人，是教育的使命所系，也是发现教育的价值所在。

育人，体现教育的属性，实现教育的功能，符合教育的定位。在学校办学中，育人，是教育存在的生命线，也是教育发展的增大值。立德树人，将育人放在第一位，统领学校的各项工作，具有纲举目张的作用。

育人，也是发现教育的立足点，发现育人的根本任务，发现育人的目标方位，发现育人的途径方法，其实就是教育的真实发生。

育人至高无上，没有讨价还价的余地，没有投机取巧的侥幸，没有言行不一的可能。只有敬畏的认知，只有忠诚的认同，只有精心的认真。

育人，讲究无痕的精准、精到、精细。育人无痕，表示教育由心入理的自然过程，表现由情入行的习惯养成，表达由细入微的渗透功力。精准至极，不留痕迹；精到至标，不留伤痕；精细至简，不留破绽。

育人，是“咬定青山不放松”；育人无痕，是“润物细无声”。

教育有情，育人无痕。桃李不言，下自成蹊。立德树人是教育的根本任务，应高调宣传，但育人方法却应“润物细无声”，潜移默化是教育的至高境界。育人看似不着痕迹，其实慢活细作更显功力。

有志者
事竟成

发现 1

# 新年“红包”可以是这样的

## 一“礼”激起千层浪

礼，是寄物托情，也是送物寓意。礼，是交往的发生，也是交流的再生。

国人爱“礼”，教育讲“礼”。

“礼”有物质形态的礼物，有精神象征的礼遇等。

给学生什么样的“礼”，尤其是新年新学期伊始的“礼”，更有讲究，富有寓意。好“礼”知时节，当“懂”乃发生。

新春过后，开学第一天。

校长和书记早早地来到学校，站在校门口，为每一位学生送上新年的祝福，同时用双手递给每一个孩子一个印有“小蜜蜂”logo的特制版“红包”。

“红包”里究竟藏了什么秘密呢？

孩子们激动地打开“红包”。原来，“红包”里面有一张用毛笔书写的“福”字和一元硬币，“福”字的反面是交友卡片。一元钱是全体教师为孩子们亲自准备的；“福”字是老师们亲自书写的。

“红包”在手，喜上眉梢。大家相互翻看着“红包”，都说自己的“福”字是最好、最吉祥的字。

**“红包”的内容物寄托了学校教师对孩子们新年新学期的殷切期望，既有精神的也有物质的，寓意丰富，且有放大和连环效应，创意和爱意表露无遗。**

如何用好这个“红包”呢？大队委员晓艺向大家做了详细介绍：“福”字卡的背后，写有学校一位同学的班级和姓名，希望大家在中午的时候，找到这名同学，然后做好两件事情：第一件事是与他交换手中的“福”字，第二件事是与找到的这位同学一起到校园里专设的“新年好友合影处”留影。

孩子们觉得可以结识新朋友，兴奋异常。到了“福”卡交换时间，校园里人来人往。

于是，校园里出现了这样一幅画面：孩子们拿着喜庆的“福”字，在校园中穿梭，在教室里寻觅，高喊着对方的名字，听到应和声的同学一脸灿烂，没有收到回应的同学继续寻找打探。那些原本内向的同学，也鼓起了勇气寻找着他的“新年好友”，一旦找到，立即互致新年祝福，结伴去往合影处，一路笑着、说着；那些同性别的孩子，大多都拉着“新年好友”

的手，到合影处留念，那亲昵的神情活像自己的亲兄弟、亲姐妹；有的“新年好友”正巧是同班同学，小伙伴因为这奇妙的缘分不禁拥抱；有的“新年好友”刚好是一个五年级大个子和一个低年级小个子，形成了最萌身高差，惹得周围同学哈哈大笑；还有的是男女同学，合影时有些害羞，大家嚷着，同学啊，这照得将来有意思……孩子们笑着、跑着、闹着，都说校长书记给的“红包”有意思、有意义，希望明年开学再次收到蕴含教育意义的“红包”。

“红包”中的“一元钱”如何用，还有一个故事呢。

学校大队部开展了“‘一元压岁钱’怎么用”的大讨论，欢迎全体同学开启智慧钥匙，提供金点子，特别好的金点子将在学校橱窗栏里展示。

第二天，“‘一元压岁钱’怎么用”的“学习单”像雪片一样飞到了大队部。

一（2）班的小孟写道：“我会用一元钱买一些花籽，种在家门前的空地上，让鲜花给人们带来好心情。”二（3）班的小谷写道：“我会用

一元钱买一张书签，提醒我多看书，将来成为有文化的人。”三（3）班的小李同学写道：“我会用一元钱，打一通电话给远方的姥姥，跟她道一句新年祝福！”四（1）班的小张写道：“我会用一元钱买一块巧克力，送给刚结婚的姐姐，祝姐姐生活甜蜜！”五（4）班的小马同学写道：“我会用一元钱买一支笔，用笔认真书写、用心绘画，努力为小学画上完美的句号。”……有孩子还发出倡议：能不能全班把这“一元钱”集中起来，买份礼物送给有需要的人。孩子们的想法各不相同，但相同的是他们对自己和周围的一切充满了真诚、友善和期待。

**“红包”的正确使用才是学校的用意所在，学生用“红包”去实现自己的美好心愿，激发学生心中的真善美才是活动的目的。这“一元钱”的设计颇见教育的可持续效应。**

新年礼物，让孩子们心怀感恩，心中有光，温暖又明亮。

## “人可”说

教育有方法，教育须引导。教育就像“红包”一样，要有正确的“打开”方式。

新年红包，司空见惯，习以为常。让新年“祝福”蕴含深意，让新年“红包”寄托情怀，这就有教育的内涵了，是教育式的新年过年。

教育，要讲究内容，也讲究时机，还要讲究方法。内容决定意义，时机影响成效，方法成全面貌。

内容通过形式表达，道理通过事例通晓。有什么样的呈现方式，孩子就有什么样的感官感受和内心领悟。

用传统的礼仪，加入创新的内容；用庄重的形式，融入深情的厚爱，是教育成功的“秘籍”。

发现 2

# 社会，原本是一个更大的学堂

## 就地取材的教育

教育的本真是“还原”，即还教育的本源，还社会的本源。

教育从社会中来，知识从实践中来，认识从思辨中来，成长从过程中来，天经地义，原本如此。

学校教育，应当以社会为“原料库”，社会实践为“挖掘机”；学生成长，应当以复合历练为重要。

人们常说“读万卷书，行万里路”，那是因为在实践活动中，学习能调动人的感官，丰富成长经历，给人留下更为深刻的印象和体验。洪庙小学注重从学生的成长需求出发，充分挖掘洪庙社区周边资源，为孩子们提供形式多样、内容丰富的实践体验校外课堂。

我们与多家单位结对共建，通过开展校外课堂实践活动，从认知体验、生活常识、自我保护等多方面提高学生的综合素质。孩子们来到卫生院的中药馆，走近《本草纲目》中形形色色的草药，闻药香、识药名、称药量等，感受中华医学的博大精深；走进公交公司，来到大巴士上，学习巴士不同颜色座椅所代表的不同意义，了解巴士逃生技巧，学习查看公交路线，提高生活技能和安全意识；参观消防基地，参与消防演练，学习消防知识，提高自救自护能力……

一次偶然的机会，我们发现学校中的很多家长同在一家名叫“欣旺壁纸厂”的公司上班，这引发了我们的好奇。这是一家怎样的公司？这家

公司吸引了那么多家长前去就业，究竟有何魅力？我们的家长在该公司从事哪些工作……带着一系列疑惑，德育处的老师们利用暑假对这家公司进行了一次全面走访。访问中，我们欣喜地发现这是洪庙社区周边一家规模比较大的企业，在环保要求极高的当下，该企业能够在社区周边继续经营，源于企业高度的环保意识和充满人文的企业文化。这是一处多好的“校外课堂”呀，孩子们一定能在这里有所习得、有所收获。

**“发现”是用心的回报，是教育者的功力。“发现”往往在不经意中被发现，但是却凝聚着学校对教育规律的参悟、教师对育人工作的心得。**

校方希望每学期带领学生参观企业文化的想法得到了厂长的大力支持。自此之后，每学期学校都会组织学生前往欣旺壁纸厂，观看壁纸生产流水线，了解壁纸工艺，参观该公司别具特色的污水处理系统。当孩子们看到制作壁纸的污水从又黑又臭到清如泉水时，他们纷纷惊叹科学环保技术的发达。当父母就职于这家公司的孩子来到这儿时，他们总是激动地跟其他孩子介绍父母的工作情况，脸上总是写满了特有的“小骄傲”，心底满是对父母的“小自豪”。就这样，在边走边看边体验的过程中，“保护环境、珍惜水源”的环保意识在孩子们心中埋下了小小的种子。

除了企业、基地给孩子们带来了丰富的实践体验活动，奉城镇的红色资源也是孩子们课外学习的必经之地。洪庙小学前身为“竟成小学”，是革命烈士李主

**孩子对父母工作的了解，道万遍不如实地看一次；学生环保理念的树立，更多地来源于亲自参观、了解环保处理流程。看到的比听说的更为真切。**

一创办。因此，每年学校都会组织四年级学生到奉城曙光中学悼念李主一烈士，并且参观烘炉馆，了解英烈们为国捐躯、奋勇抗战的不朽事迹。奉城一小的县委旧址、洪庙社区的抗美援朝爱国主义教育基地等，都是学生开展红色学习的校外课堂，那里的一景一物，一张照片、一个事迹仿佛带领着孩子们走进烽火岁月，追忆革命先烈，爱国情怀油然而生。

校外的课堂，是活灵活现的课程，是充满生机的课堂，它仿佛给孩子们打开了书本以外的学习之门。在这个更广阔的世界里，孩子们不断开阔眼界、认识社会，不断收获着新的知识与成长，丰富着更多的实践与感悟。

**社会“课堂”，有时候未必去设定主题，能走进它，有一个过程，就能有所发现。发现就是“课堂”，领悟就是“答案”。**

## “人可”说

学校是社会组成的一部分，教育是社会职能的分工之一。学校和社会，其实就是教会学生的两个课堂，缺一不可。学校启蒙教育内容来自社会的积淀，社会的发展历程就是学校教育的原料。

一个好的教育，有着学校教育的路子，也有着社会教育的影子。只注重学校教育，是本分，而同时注重社会教育，才是本职。

在人们潜意识中，仅仅把教育理解为书本知识的学习，是狭隘的，是自我迷失的误导；仅仅把学校当作教育的“伊甸园”，是肤浅的，是他人局限的误会。

教育面向社会，是打通学校与社会联系的人为“阻隔”，有所发现，正是防止眼下教育资源流失的良方，也是让鲜活的社会实践反哺学校教育的上策。

# 奥运，有着特别的磁场

## 借力，划动教育的双桨

育人的能量在于“借力”“运势”。如同火苗，借助风势才能燃成大火，蔚为壮观。

“借力”，能打破按部就班的常规束缚；“运势”，能造就意想不到、意料之外的超常收获。

“借力”和“运势”，满载的是学校，得益的是学生。

2016年的暑期，是一个特别的假期，全世界人民都盼望着同一件盛事——2016里约奥运会。

学校德育处组织了一场大型的奥运展览会，以海报的形式揭开奥林匹克的神秘面纱，回顾我国运动员参加奥运会以来取得的优秀战绩。参观过程中，孩子们有收获，也有提问：我国本届奥运会的夺冠热门明星是谁？本次乒乓赛即将在什么时候举行……一张张写满“问号”的参观反馈表引发了我们的思考。何不设计“小眼看奥运”活动，让孩子们走近奥运会，看奥运、懂规则、学知识，为祖国运动员加油呐喊？

**是的，教育是“设计”出来的。效果如何，全凭教育工作者对教育大势的前瞻、对教育理念的透析、对育人内涵的理解。**

要成为奥运会的铁杆粉丝，制作“观赛攻略”可是必备技能。暑假前，班主任老师带领学生一同讨论观赛攻略的制作要素。由于里约时间与北京时间的差异，孩子们不得不通过网络重播观看有些项目，因此合理安排好自己的观看时间，是非常重要的攻略要素。除此之外，观赛项目、比赛规则、预计热门夺冠的运动员等，都是孩子们想要做的攻略内容。里约奥运会开始的前三天，孩子们纷纷查阅报纸、网络，一张张图表式、思维导图式的“观赛攻略”就此诞生。8月6日傍晚有值得一看的射击比赛，因为中国在本次奥运会的首枚金牌很可能在这个项目中产生。因此，许多孩子在第一期的攻略中提到了易思玲、杜丽两位夺冠热门运动员，孩子们带着对中国奥运健儿的崇拜和期待静候赛事的开启。

我们发现，在班主任发来的攻略照片中，有的孩子对比赛规则的描述是比较详细的，还有的同学提出了不少关于规则的问题：拳击比赛中，怎样的进攻方式是正确的？乒乓比赛中，何时需要交换场地？跳水运动的难度系数是如何判定的……孩子们在看奥运的过程中，自发地学习了不少体育运动的相关知识。

“小眼看奥运”活动在孩子们中间掀起了一股看奥运的热潮。他们每天做着观看攻略，这已不仅仅是一份简单的观赛时间表，更有孩子每天记录着中国获得的金银铜牌数量。当龙清泉为中国拿下第三枚金牌的时候，三（4）班的晓闽同学用画笔在攻略上画下了夺冠场景的卡通画像，并写上了“中国力量”四个大字。

**学生自我琢磨的东西，往往更有自我教育的能量，而且在潜移默化中能产生更好的效果。**

德育处每天根据班主任收到的观赛

奥运写作小达人

二（4）班 徐思闽

观看奥运比赛第十一天了，每场比赛都那么精彩，奥运会第八天时，男子20公里竞走，我们中国的王镇和蔡泽林让我难忘。

比赛开始不久后，王镇的鞋子不小心被别的参赛者踩掉了，当时心里真为他担心了一下。

比赛一半时，有一位其他国家的选手一直竞走在最前面，我在想他们怎么就走的那么快？我在参赛者中寻找着我们中国的动动员。就在比赛还剩6公里时，我们中国运动员发起了冲刺，他们从众多参赛者中脱颖而出，一步步逼进在最前面的比赛者，紧接着就超越了，终于明白王镇、蔡泽林是在相互配合，保持体力，好样的，他们把所有的参赛者都甩在后面，走在了比赛的最前端。

最终我们中国队在这项比赛中包揽了金银牌。在颁奖现场又一次响起了我们中国的国歌，我又一次热血沸腾……

我要向王镇向蔡泽林学习，学习他们的团结努力、勇往直前和为国争光的精神！我要为我自己加油，为中国奥运队加油！

攻略，选择部分内容，每日推送“小眼看奥运”微信专辑。通过每日奖牌数的变化、一个比赛项目规则介绍、一位中国运动明星介绍让学生了解奥运知识，知道比赛进程；我们还鼓励孩子们积极参与“小眼看奥运”达人秀环节，通过上传观看照片、写下观看感悟等方式与同学们一起分享看奥运的心得体会；在每期微信专辑的最后，我们都设置“奥运知识知多少”环节，小小智多星们全家总动员，参与线上答题，学习奥运知识。

**教育要有助推的意识，育人应有引导的概念。从自发到自觉，由粗放到精致，背后的无形之手缺之不得。**

“小眼看奥运”活动，使奥运知识、奥运精神与学生相伴，让学生的暑假生活变得更为丰富。2016年的暑假，是一个让孩子们难忘的假期。

## “人可”说

教育，无处不在，无时不在。就是简简单单的一次次观赛，引导得好，也是一次次极好的教育契机。有的本身就具有教育的内容和引申的价值。如奥运会，就是教育的“奥运会”，其中蕴含的人类文化和运动精神及其规则，往往是对学生进行教育的天然素材。

同时，教育的能量需要释放，释放的能量才是自身的有效利用、能量的本义归途。能量更要催化，未经催化的能量，只是一堆有待爆发的物质。

孩子的成长有几个特殊的关键时节和重要的事件相伴，用好了，事半功倍。

能量守恒，总量不变。善加利用，正能量旺盛。此乃育人之道。

发现 4

# 安全意识在消防演练中萌生

## 意识需要经历的点拨

教育，需要真实情景，需要参照系。

教育须得近距离接触、无障碍观察。拆除屏障，跨越鸿沟，教育近乎成功。

可有时候，两者之间仅剩一张薄纸，一旦捅破，传统的课堂与社会大课堂将连成一片。

关键是勇气，有待跨出这一步；还须有智慧，把步子踩在点子上。

消防员叔叔是怎么灭火的？神奇的消防车内有什么乾坤？消防员叔叔的衣服是烧不着的吗？孩子们带着各种问题，前往消防培训基地想要一探究竟。

来到消防基地，孩子们瞬间就被一辆辆整齐排列的消防车震撼了。在阳光的照耀下，消防车更加火红耀眼，好似随时待命出征的战士。这里的一切对于孩子们来说都是那么新鲜，孩子们东瞅瞅、西瞧瞧，不停地向消防员叔叔提问。

为了满足孩子们的好奇心，消防员叔叔让孩子们坐上了梦寐以求的消防车。消防员叔叔打开车上的一扇扇小门，仔细地逐一给大家介绍消防车上的小秘密：高压水枪、氧气瓶……孩子们还认识了很多以前从没见识过的东西，比如可以保护自己不受毒气危害侵蚀的隔热服；在火场时用来呼吸的氧气瓶；随身携带的用来监测消防员生命体征的警报器等。各种各样先进的装备让孩子们大开眼界。

**百闻不如一见，听说不如亲见。知识与能力的转化、行为与修养的升华，就在教师精心策划的一瞬间。**

接着，消防员叔叔现场展示防护服的穿脱方法，孩子们迫不及待跃跃欲试。小胖高举着小手说：“我来！我来！我胖、力气大，肯定可以的！”他被幸运地选上了，其他同学眼神里流露出羡慕、激动的表情，争先恐后地想要体验当消防员的感觉。小胖戴上了消防盔，穿上了消防服后，摇摇晃晃，差点倒下。他脱下衣服后，已是满头大汗，用崇拜的眼神看着消防员叔叔：“叔叔，你们太厉害了！”消防员叔叔笑着说：“消防服有 40 斤重，你们还小，长大了就行！”消防员叔叔们还告诉大家，在遇到大火时，他们还要背上氧气瓶作战，身上的负重就有 100 多斤，而且听到警铃响起，必须在 45 秒内穿好作战服出警。孩子们不时发出啧啧称赞声。

他们又来到了模拟电影院，亲眼看到了火苗在电影院的小角落里慢慢升起，然后迅速蹿上屋顶，变成了熊熊大火。大家你一句我一句，“着火了，快跑啊！”“救命啊，救命啊！”此时，消防员叔叔有条不紊地指挥着：“大家弯下腰，捂住口鼻，赶紧沿着逃生标志跑出去！”整个“影院”内都沸腾了，当孩子们跑到外面场地上时，都长嘘了一口气。“浓烟太大了，我都快看不见了！”“幸亏我在学校安全体验馆学习过烟雾逃生，我才没有那么害怕。”孩子们还在为刚才的逃生情景感慨。消防员叔叔跟他

们解释道：“刚才模拟的是影院着火，大家能感受到火的高温和浓烟也是模拟的，真实的火灾要可怕得多，所以小朋友们一定要注意防火，也要学会火场逃生。”

为了巩固学生在学校安全体验馆所学的知识，增加学生的现实体验，学校和消防基地签约结对，让孩子们有更多的机会走近消防员叔叔，聆听他们的现场讲解，实地参与火灾逃生及灭火等演练活动，在一次次实践中，习得更多消防安全知识，提高消防自救能力。外化于行，内化于心，做好自己的“首席安全官”。

**情景，在小学教育中有着独特的作用。纸上得来终觉浅，情景体验方知了。当教育的目的寓在精心安排的情景中，是育人目标最大化的达成。**

## “人可”说

情境提供和情景教育，是产生教育成效的两个互为作用和结果的条件。

情境，表现为真实的景象，也可表现为模拟的景观，这种场景有利于学生触景生情。一定的情境，总蕴含着一定的意思，这种意思便是教育的素材，是教育的“磁场”。而情景教育，是借助情景的展开，以景出情，以情托景，是教育的“广场”。

显然，情境利用，是得教育真传而设；情景教育，是以教育之的而创。

经验来自亲历，认知源于实践。教育的任务，是为学生提供获得此道的方法与途径。

间接的理性知识学习不可少，直接的感性知识体验也重要。对于心智还在发展与成熟的学生，后者的分量更须加码。

# 第十期

## 追梦少年——五(4)班 沈硕

沈硕是五(4)七色花中队的学生，他为人比较腼腆，学习刻苦认真，还是个爱唱歌的小男孩。上学期期末，他参加了东方美谷杯贤城红歌赛。

经过初赛和复赛的角逐，在他不

# 你在我眼里

**鼓励，永远是教育的“卖点”**

敏感，是教育的禀赋；敏锐，是教师的本能。

教育现象千变万化，学生思想和行为“没有两片相同的叶子”。发现新意，捕捉苗头，抓住典型，举一反三，是教育的职责，教师的心思。

把平常的不经意举动放大，把原本的孤单个案引出群体效应，是为教育的老到。

# 第十六期

## 热情阳光的人气王——桑晨

这位笑容灿烂的女孩是四(1)中队的桑晨。她并不是班级中学习成绩最突出的一个，但她活泼开朗，乐于助人，是队员们的好榜样！她是个非常真诚、善良的孩子，她积极参与学校各项活动，是个能说会道的人气王，同学们都喜欢她。上学期，经过校级少代会的投票，她被推选为区优秀少先队员的候选人，但她并没有因此而停止向前的脚步，她落落大方的演讲打动了评委老师，成为了市优秀少先队员的一员。祝愿桑晨同学在自己的努力下，成为更优秀的孩子。

小星是班级中的学习困难户，整天垂头丧气、无精打采的样子。但是今天，他的头昂得特别高，眼里仿佛带了光。原来是因为中午吃饭的时候，他见同学宣萱翻椅子特别吃力，“随手”帮了个小忙，小小的举动被老师发现了，并在午会课上特地表扬了他。这个从未被表扬过的孩子感受到了老师对自己的关注和关爱，他别提有多开心了！

**鼓励，是教师激发学生潜力的“魔法”；表扬，是教师激励学生上进的“武器”。即使是批评，也可以巧用鼓励与表扬的方式委婉进行。**

成年人被表扬了尚且会感到内心喜悦，工作起来更积极认真，更何况小孩子呢！于是，我们以此为契机，引导教师关注每一位学生，发现孩子们每一个小小的进步。

发现孩子进步了怎么办？办法之一是口头表扬。那表扬完了怎么办呢？后续措施跟进了吗？怎样才能让这种“发现”成为常态，让这种“表扬”“固化”学生的进步和优点呢？针对这一问题，“每周之星”评选活动应声落地。

“每周之星”需要“评委们”的认真参与。班主任、任课老师、班干部，甚至普通的队员、学校校工都可以作为“评委”。

“每周之星”更需要被评选者的真诚付出。你也许成绩平平，但可以主动捡起地上的纸屑；你也许有时调皮捣蛋，但同学需要你的帮助时，你会伸出援助之手；你也许有些小马虎，但作业字迹端正……

**教育是“魔术”的化身。由此事件变身彼事件，由针对个别人到惠及全体学生，体现的是教师的“魔术”功力。**

如果成为“每周之星”的学生，你将会在学校每周的微信公众号上看到自己优秀的事迹，会在教学楼墙面的宣传栏里看到印有自己照片的海报，会在学校的小蜜蜂广播里听到自己被表扬。荣获“每周之星”的孩子们也知道自己是其他同学的榜样了，所以不管是学习还是其他工作，他们的积极性更高了，对自己的要求也越来越高。

这个活动，每周至少有六位学生被表扬到，每年有两百多位学生被表扬。活动开展四年多来，被表扬到的学生有近千名。在这样的活动中，他们得到了自信，受到了鼓励，感受到了关爱。学校给予了他们展示自己的平台，记录了他们的成长故事，让优秀的孩子发挥榜样的力量，用正能量去辐射更多的孩子。老师、家长和同学一起见证着他们的成长足迹和生命绽放……

## “人可”说

教育，是一种绽放。绽放天真，绽放心境，绽放才华，绽放一切原本可以绽放的东西。鼓励，是绽放的“圣母”，教育的鼓励就是大爱的表现。

做教育的，切忌在看似日复一日的琐事中把自己给淹没了，切忌对看似重复显现的校园现象、班级变化、学生表现产生习以为常、司空见惯的思维定式。

教育创新、育人成新、方法出新，就在平常中看见不平常因素，平凡中发现不平凡苗子。

跳出教育看教育，跨出校园看学校，用欣赏的眼光看学生，会发现另一片未开垦的教育处女地。

发现 6

# 玩耍，也是一门功课

## 会玩，是一种高级智慧

办法是逼出来的，措施是压出来的。办学是如此，教育也是一样。

没有现成的模式，一切都在变化。敢不敢直面困难、解决问题，这是个问题。

办法总比困难多。只要上心了，就没有过不去的坎。

课间十分钟，可以说是孩子们在校园里最快乐的时刻之一，但如何度过这十分钟呢？

曾几何时，孩子们的课间是这样的：低年级的孩子在下课铃响起的刹那冲出教室，他们想好好玩一会儿，可是玩什么呢？于是，有的孩子不管地面干净与否，趴在地上打几个滚；有的孩子不论天气冷暖一个劲地奔跑……高年级的孩子们不知为什么扯起喉咙比赛谁的嗓门大，抑或有的孩子什么也不玩，只顾埋头写作业……

怎样才能让课间活动快乐、有序又充满活力呢？一（4）班发生的一幕情景激发了我们的灵感。在这届一年级中，一（4）班的孩子尤为调皮，为了防止孩子们课间奔跑出现摔跤的情况，班主任老师在课间带着孩子们玩起了“一二三，木头人”的游戏。这一举动，不仅让一（4）班的孩子体会到了动静之间的乐趣，也有效解决了课间无序、吵闹的情况，更让其他班级的孩子们纷纷投来了羡慕的眼光。

何不让每个班级的孩子都来玩游戏呢？可是，玩什么呢？由于不同班级所在的“地理位置”不一样，学生的年龄层次不一样，所以孩子们喜欢的游戏也不同。倾听学生一直是我们的办学理念，每次遇到困惑，我们习惯性地会去“听听孩子们的意见”。德育处下发课间游戏金点子征集，收集孩子们喜欢在课间玩的游戏内容。然而，结果让我们大跌眼镜，孩子们填上来的信息中除了“跳绳”“石头剪刀布”“猜谜语”，再也找不出其他的游戏内容了。我们的孩子，竟然不会玩游戏！

**现在的孩子不会玩游戏！谁之过？沉重的问题，化成沉甸甸的责任。让孩子重拾游戏的乐趣，还以快乐的童年。教师的认识提高了，教育的行动开始了。**

惊讶过后，我们开始反思。学校教育，除了要提高孩子的学业成绩，帮助孩子养成良好的行为规范，是否还应该教会孩子解放天性，学会玩耍，让孩子成为一个乐观、健康、阳光的人呢？于是，德育处联合体育组一同研究“课间玩什么”这一课题。研讨中，我们想到现在的孩子在家多以电脑、手机游戏为主，因此到了学校，就不知道该玩什么。是电子产品把孩子们“困”在了屏幕前。那么，就让时光推移到二十年前，回到那个基本没有电子产品的年代。一幕幕儿时的记忆涌入脑海，“马兰花开二十一，二五六，二五七，二八二九三十一”，跳皮筋、跳房子、打纸牌……记忆就像一张张老照片，在脑海不停地穿梭，有趣的游戏说也说不完，老师们边回味，边决定将这些全部教给孩子们，让孩子们也来玩一玩爸爸妈妈小时候的游戏。

为了帮助孩子们掌握游戏方法，体育组老师们编制一到五年级传统游戏手册，根据学生的年龄特点，将 40 种传统游戏分年级教给孩子们，如一年级的丢手绢、写“王”字等；二年级的折青蛙跳、抬花轿等……他们还细心地找来学生小演员，拍摄传统游戏玩法视频，让孩子们能够一目了然，学得轻松。德育处根据传统游戏手册，在校园操场的围墙上绘制游戏内容、在教学楼的地面上绘制跳房子格子等，为孩子们创设游戏氛围。

体育活动课上，老师们将传统游戏手册的内容教给孩子们，孩子们在每天的大课间和课间，都可以玩这些游戏。另一方面，有些孩子觉得自己“技术”不好，便请家长当起了“游戏”老师；有些孩子觉得学校玩得不过瘾，就让家长化身“游戏小伙伴”。

自此，校园“活”了起来，课间的校园，是充满欢声笑语的校园。从此，家庭也更欢乐了。家长们反映，孩子带着他们一起玩他们儿时的游戏，让他们也回味起了儿时的欢愉。传统游戏，拉近了孩子和孩子、孩子和家长之间的距离。

**游戏，是小学阶段学生教育的“牛鼻子”。寓教于乐，在游戏的施展中有着最权威的诠释。**

传统游戏的学习，丰富了孩子们的课余生活，让孩子们的身心得以发展，同时也让这些原本已经消失在视野中的中华优秀传统文化，重新回到了校园里，走进了孩子们的心田里。学会玩耍是一门功课。愿传统游戏点亮孩子们的童年，愿健康欢笑陪伴孩子们的左右。

## “人可”说

玩，是什么？是嬉戏，是欢乐，是消遣，是快乐，是教育；也许是，也许有的是，也许全不是，关键在于如何看待。

玩，是童年的活动方式，几乎没有一个人是不玩的，也没有一个人不通过玩得到长大。因此，玩，是成长的载体。

玩，无可厚非。而从教育人角度来说，玩，的确可以成为教育，因此有了“玩的教育”。

让孩子玩起来，玩得自在，玩出名堂，玩中有大学问。

怎么个玩法？对学校是个考量，对教师是个出题和解题同时存在的考验。

学生的玩，其实是个教育哲学命题。理解小学生的心智成长是在“玩”中健全、发展的，玩的意义和所用的方法也就迎刃而解。

发现 7

# 新生两次走进校园看到了啥

## 不同时间不同心境，教育感受并不一样

细心，是教育完成度的基石；周到，是学校办学理念信奉的准则。有了这两样内心强大的信念，教育也就无往而不胜了。

有时，教育的小小偏差，就吃亏在忽视了细心和周到上。看似已经做得差不多了，其实总差一口气。补上这一口气的距离，真的要花上“一大锅”的力气。

每年的6月总是阳光明媚，一届届莘莘学子，一张张明媚笑脸，给校园带来了活力与光彩。新生们好奇的眼神也总是充满了期待，他们的到来给校园注入了无限活力，让校园生机勃勃，充满欢声笑语。

6月，还在读大班的孩子牵着爸爸妈妈的手，第一次走进了洪庙小学的校园。他们三步一停留，对校园中的一景一物都充满了好奇。“什么成石，爸爸，这个字念什么？”孩子指着校训石，好奇地问道。“竟成石，应该是‘有志者事竟成’的意思。”家长牵着孩子，跟随着带队老师，参观校园。“‘竟成石’是学校的校训石，它告诉我们，要拥有梦想，并朝着梦想不断地努力。”孩子们听着老师的讲解，似懂非懂地点着头。

细心的孩子发现了校园中藏着的“小秘密”，随处可见的蜜蜂造型给孩子留下了深刻的印象，孩子们好奇地问：“为什么校园里有好多‘小蜜蜂’？”“因为‘小蜜蜂’是我们学校的形象标志，老师希望每一位同学能和蜜蜂一样明礼、勤奋、自主，朝着甜蜜和芬芳飞翔！”孩子们来到“小蜜蜂”雕塑前，争着和“小蜜蜂”合影。拍下合照的这一刻，孩子们已与洪小校园、与洪小精神结下不解之缘。

孩子们最喜欢的地方，要属“法布尔”了，他们来到“步耘坪”，走进“雁鸣小筑”，这儿有流水潺潺，有鸟语花香，有俏皮可爱的小兔子，还有热情好客的大白鸭。孩子们边走边跳，挥着小手和动物朋友们打招呼，询问爸爸妈妈这儿的植物名称。此时的他们是一个个好奇宝宝，有问不完的问题想要去探索。他们尽情地拥抱大自然，别提有多高兴、多新奇了。

**好奇心有最佳的时效性。好奇心是学生培养兴趣、探究愿望的珍贵心理活动。充分利用好孩子的好奇心，是学校教育的必备功课。**

6月的第一次邂逅校园活动，让孩子们记住了校园的美景。8月，他们以一年级新生的身份，再次走进了洪小的校园。这一回，他们昂首挺胸，没有父母的陪伴，自己背着小书包，走进了各自的班级。一坐定，他们便开始与周围的同学交流起来，“你叫什么名字？”“我来自金麦穗幼儿园，你呢？”……孩子们有模有样地交流着，对未来的小学生活充满了向往。

班主任老师与孩子们第一次面对面，通过多媒体，老师为孩子们介绍了本班的任课教师，并组织孩子们进行自我介绍。自我介绍完，老师会给每个孩子一个拥抱，对孩子的到来表示欢迎。孩子们之间则进行了“和新朋友握握手”的小游戏。在亲密的互动中，师生、生生之间的距离贴近了，孩子们开始融入新集体。

**教育是从第一次开始的。重视第一次，是对教育规律的尊重，对学生学习的珍爱，对学习成长的期望。**

新生的两次来校虽然时间短暂，但给孩子们留下了难忘的记忆。他们走进学校、认识校园、熟悉同学，有助于孩子们对校园和班级产生归属感。活泼可爱的孩子们将开启崭新的小学生活，在洪小温馨大家庭中健康成长，去编织七彩童年。

## “人可”说

教育，有数量的迭增，也有先后的顺序。由一变二，教育当然要讲究增加的含量；由浅入深，教育当然要讲究内容的分量。

数字，对于办学者太熟悉不过。然而，数字身价不凡。可以这么说：教育都是数字的表达，办学都是数字的积累。

运用数字和数次，是有讲究的。有原点的起始，有类似的重复，有距离的跳跃，也有回复的精致和无奈。

选择数字与数次，对教师是能力和学识的考验。少则无效，多则冗长。恰到好处，才是数字与数次的精诚。

# 第二篇

# 成长有约

成长，是教育的生命力所在，也是学生的成功性显现。

成长，是学校的“课程”。学校要为成长制定最好的课程体系，提供最佳的成人成才途径，创造适合成长的环境和条件。

成长，是老师的“教学”。老师要为成长确定最有效益和效率的教学路线，创造有利于学生成长的方法，让学生在这种“教学”中如鱼得水。

成长，是学生的“功课”。这个“功课”的得分，取决于老师，更取决于学生，老师的“出题”与学生的“答题”存在着密切的关系。学生要在做“作业”中，出于题，而高于题，另外又会自我破题，那么成长指日可待。

成长有约，是教育目的与教育途径“有约”，是教育内容与教育实践“有约”，是老师引导与学生自导“有约”，是学生汲取知识与能力锻炼“有约”。

成长有约，是一种精神，也是一种态度，更是一种方法。

成长是期待，成长令人醉。成长是约定，与成长说好，她会如期而来。成长不要奢望，只须静待花开。成长会有磕磕碰碰，但留下的疤痕却是成长的记忆。成长美丽，切莫虚度。

校风
健康 责任 和谐
教风
博爱 明志 创新
学风
礼仪 勤奋 自主

发现
8

# “成长日历”是如何制作成的

## 有立意的东西能走远

学校的教育立意，决定了学生成长的高度；学校的办学眼界，成就着学生的境界。

一般而言，学校给学生什么，学生将来就可能给社会什么。教育应从小事入手，以小见大。学生的小事，关乎未来的大事。

立意和眼界，难的是在小事上有机渗入。做好平常事，给予平常事于新意，熨平刻意，拒绝高调，让教育回归理性和常态。

寒假即将来临，为了丰富学生的假期生活，学校给孩子们布置了一个特别的寒假作业——制作一本属于自己的2018年“成长日历”。

“寒假作业只有一项？”“太棒啦！”孩子们一听说寒假作业的内容，高兴得乐开了花。在班主任细致的讲解后，孩子们才发现，原来这日历做起来一点儿也不简单。

做一本日历首先要了解“年、月、日”等相关知识。休业式上，班主任老师带领孩子们初步了解日历的要素：年分为闰年和平年，也就是平时孩子们从父母口中听到的大年和小年，即将到来的2018年属于平年，因此2月份只有28天；每个月的日子数量并不完全相同，分为大月和小月，一年中有7个大月，4个小月，其中2月最为特殊，这需要用到孩子们的“拳头骨”来计算，日历中阴历和阳历、重要节庆等，也需要学习和标注，有的日历还会有英文的标注；做日历还要学会设计和排版，日历的页面上，通常会有影像作品或者诗歌、绘画等作品，以提高日历的美观性；当然，做日历最后还要动手“做”出来，为了把每一个月的日历卡装订成一本完整的日历，我们通常还需要用到打孔机打孔，用绳子穿线等……小小的日历，汇集着大大的智慧，要做好一本日历，谈何容易。

孩子们信心满满，准备挑战寒假特别任务。我们也满心期待，等待这份特别的寒假作业。

**教育是取材的艺术，是塑造的匠心。在合适的时间赋予作业以尽可能多的富有教育和成长意义的附加值，是教育的用心之处。**

2018学年开学的第一天，孩子们拿着亲手制作的日历来到了学校。每个孩子的日历都各有特色，大小不一、形状不一、独具个性。我们发现，有的孩子还在日历上用彩笔备注了家人的生日、自己每月的学习计划等，多特别的日历啊！受到孩子们的启发，我们决定让孩子们在接下来的日子里，将重要的事情记录在日历上，让日历陪伴着孩子们一同成长，记录孩子们生活的酸甜苦辣。让“做日历”不是寒假的过去时，而是成为陪伴孩子成长的进行时，让每个孩子成为一个会规划未来、会用心感受生活的人。

**是的，教育是“进行时”，她牵手着“过去时”、连接着“将来时”。**

时间如白驹过隙，一年的时光转眼即逝，但孩子们的日历上却记满了学习和生活的点滴。学期末，各班级班主任老师组织了以“我的日历，我的生活”为主题的班级讨论会，让孩子们交流这一年来令自己难忘的事。孩子们各个踊跃发言，将或有趣、或快乐、或悲伤的故事分享给大家。这一年，孩子们通过“做日历”活动，了解了重要节日，如中秋、清明、端午等传统佳节，孩子们在过节中了解民族文化，提升民族认同感；这一年，孩子们通过日历让自己的学习和生活变得更有规划了，他们达成了不少小目标；这一年，孩子们牢记了每一个重要的时刻，为祖辈过重阳节、为父

母过生日等，生活变得更有仪式感，家庭幸福指数不断上升；这一年来，孩子们见证了自己的成长和进步，“我获得了金蜜蜂奖项”“我成了语文课代表”“我捡起了地上的垃圾”等，点滴的记录让孩子们心怀阳光，快乐成长……

小小的日历，让孩子们有了大大的收获。又到一年寒假时，相信即使没有老师的布置，做日历也会成为洪小每个孩子的年末习惯，孩子们用制作日历的方式迎接新的一年，送给自己一份特别的礼物——一本“成长日历”。

## “人可”说

成长，是时间的积淀，是空间的转换，是内容的更迭，是经历的丰满。要在时间刻度上留下进步的年轮，要在空间移位上留下进阶的脚印，要在内容深化上留下进击的标配，要在经历丰满上留下前行的记录。

成长日历，让学生有成长的时空概念，有一步一个台阶的循序规律；制作成长日历，让学生有规划学习、人生的意识，有一本一种情怀的内在激励。

一个好的教育点子，无疑是一本经典的成长日历。

成长有刻度，发展有阶段。让学生给自己的成长以时空形态“标记”“刻度”“进阶”“阶段”，学校的育人理念深入骨髓。

教育的最好呈现形态应当是这样的：活动有形，但教育无痕；主张清晰，但道理无痕；教师纵在，但似有若无。

让学生站到前台吧，学生的能力往往超乎寻常。放手有多大，效果就有多大。

发现

9

# 在“升旗仪式”中找到自己的角色

## 荣誉、自豪是动力

教育是“塑造”，是“改变”，更是迎接“新生”。

教育是心灵的绽放，是懵懂的初醒，是认知的提携。教育是帮助学生发展出最合适的自己。

教育并非全能，但教育却有所能。教育遍及之处，当是面貌焕然一新。

全校转播的“升旗仪式”开始了，这是一个庄严的时刻。

五年级的孩子们穿着礼仪装，早早地来到了报告厅。今天的主角是五（4）中队的孩子们。他们穿着富有个性的演出服，陆续进入后台，脸上满是期待和紧张。化了妆的男生特别显眼，他们平时大大咧咧，这时却没有了平日的调皮，小心翼翼地闭着嘴巴，生怕弄花了口红，实在“憋不住”的，就噘起嘴巴慢慢吐出几个字来。

嘹亮的出旗曲响起，执旗手们挺着胸，迈着坚定的步伐走上台，完成交接。五星红旗徐徐升起，每个人肃立，向国旗行队礼，一起高唱国歌。

小主持是五（4）中队的晓孟和晓瞿，他们向全校师生做了《勤俭节约 从我做起》主题演讲。落落大方的举止，抑扬顿挫的诵读，事实与数据，道理与故事，详略得当，轻重适度，受到了大家的赞扬。

这是两个孩子近年来多次登上学校舞台演练的收获。

有收获的不单是他们俩。为了响应习爷爷“勤俭节约不浪费 热爱劳动多实践”的倡议，五（4）中队的孩子们围绕主题，创作了两个节目：一是快板《节约粮食 人人有责》；二是歌舞朗诵串烧《勤俭节约之歌》。

两个节目不但契合了当下的时政教育内容，而且与孩子们的日常生活非常贴近，所以创作过程非常顺手。

虽然演出的时间只有十分钟，但所有的孩子都上台参与了演出。他们表演的快板，口齿清晰，节奏分明，节目内容之间的过渡处理也是十分流畅。最引人注目的是歌舞串烧，前排孩子的表演一招一式舞蹈范儿十足，看得出是花了很长时间排练的。后排有几个孩子的动作有些拘谨，但也合拍，就是欠缺力度，肢体相对生硬。总体看，很成功。为了这次上台亮相，他们反复排练，反复琢磨，一边问音乐老师，一边看视频舞蹈，动足了脑筋，想透了办法。他们把升旗仪式的表演当作一次学习的机会，一次历练的机会，团结协作，共同进步。

**塑造的力量是无穷的，改变的可能是无限的。好的愿望，总能在孩子身上实现。教育的魅力在于此，只要深耕，收获不问自来。**

别看他们现在的“升旗仪式”有板有眼，三年前可不是这样的。当时我们想借助升旗仪式这个平台，来全方面提升升旗仪式质量的时候，碰到了来自学生层面的困难。

大多数学生平时无拘无束，一到舞台就心慌意乱，手足无措，拿起话筒讲话，不是不敢大声说话，就是说话声音颤抖；真的是站无站相，立无立相，很少有镇定自若、表达流畅的学生。

怎么办？思前想后，大家的想法取得一致，学生的问题从学生抓起。

如何抓？大家的看法是相通的，就是给予学生更多的生活体验。

为此，我们做了四件事。一是提高认识：全体老师，特别是班主任，

**有时候当教育出现“乏力”时，是教师的想法与学生的实际脱节，一厢情愿。好的园丁，是看花养花，不误农时。**

要把升旗仪式里的队形训练、个体形象训练、讲话质量等，提高到个人修养、集体荣誉、个人能力培养、学校形象建设的高度来重视这一问题；二是出门学习：在校长的带领下，老师们到集团理事长学校学习取经，观看他们学校的升旗仪式，还派大队辅导员、中队辅导员跟岗学习；三是增加训练机遇：主要的做法是课堂教学增加表达的量次，与表达内容的方法教学，形成教学的一贯做法，同时挖掘班级优秀家长资源，共同参与升旗仪式的编排，一起“推”着孩子上台；四是纳入班主任班级文化建设的考核，形成长效机制，使老师们的工作处于最佳状态。

明确了具体做法后，效果是明显的。不到半年，学生对“升旗仪式”有了全新的认识，在这个认识的引领下，全校学生的表现是令人满意的。

“升旗仪式”是一个点，一个点的成功给了我们许多启示：活动的亲身体验不仅让学生获得难忘的学习经历，看到自己的成长，变得更加自信，还能在逐渐形成的仪式文化中丰富自身的情感世界。

## “人可”说

角色的认定、认同、认可，是教育中的一个重要课题。学生对自我角色的认定，直接影响其价值判断和行为认同以及观念认可。

不同场合，学生的角色定位不一样，但有一点是共同的，就是要符合当时的场景需要，适合自身角色的定位。

要学生找到自己的角色，教师先应找到自己的角色。要改变学生，教师先要改变自己。

问题是，要求他人易，要求自己难。跨出这一步，教育世界就会海阔天空。

由此，当学生问题进展不顺时，先从“否定”教师自己原来的想法做起。

发现
10

# 让孩子看见自己的成长

## 提高学生自我成长的能见度

教育是展示、呈现，其本质是展示科学、呈现美好。

让学生看见美好，触摸美好，憧憬美好，尤其是看见自己的美好、发现他人的美好，是教育的“密钥”。

学校是孩子学习和成长的乐园。为了让孩子爱上温馨校园，在校园中看见自己的成长，洪庙小学努力做好校园文化氛围建设，让孩子在校园中找到归属感，成为校园的小主人，遇见更美好的自己。

走进校园，你会发现处处是孩子们活动的印记。

**让学生自己的成长自己看得见，是教育的“双通道”。就此，告别那种只有教师看得见学生成长的“单向通道”。**

——学校为学生创建自我展示的平台，综合楼美术室外的墙面上，随处可见卡槽式的画框，每一节美术课后，孩子们都能将自己的作品在卡槽内进行分享，展示自己的课堂学习成果；

——教学楼内、书法教室外，随处可见的是孩子们的书法作品，无论是字迹娟秀的硬笔书法，还是刚柔相济的软笔书法，都展现着洪小学子对中华优秀传统文化的热爱；

——楼道里、大队部内，每一学年的“金蜜蜂”获得者以及大队委员的巨幅海报都会在这里进行为期一年的展示，学生的荣誉感油然而生；

——每间教室里，孩子们能够找到自己的值日岗位安排、班级全家福、个人照片等，让孩子们以班为家、爱班如家……学校为孩子们打造了温馨的环境氛围，让孩子们乐于成为校园大家庭中的一员。孩子们在校园内得到了价值认同，他们被关注、被尊重、被肯定，于是，他们越发有了自信。

校园，让孩子遇见了自己的成长。走进教室，你会看到每一个班级都各有特色。一（3）班的阅读排行榜中，孩子们每日阅读课外书籍，赢取积分，让自己榜上有名；三（3）班班主任尤其重视学生行为规范建设，在墙面上设置行为规范星星榜，促进学生良好行为规范的养成；五项全能行为规范柱形球，不仅展现了班级行为规范的表现情况，更是班级凝

艺术家
我是小小
好好学习，天天向上！
有志者 事竟成
点线面
好好学习，天天向上！
big大的
A B C D E F

聚力的体现；班级荣誉榜中，粘贴了班集体所获得的区级和校级各类奖项，激发了孩子们的荣誉感；校园大屏幕上每周之星的滚动播出，宣传栏中每周各班行为习惯评价、每月明星班级的公示……这一切，都让孩子们看到了自己的成长，让他们遇见了更美好的自己。

孩子的心灵是明净纯洁的，孩子的本心是积极向上的。为孩子打造一个温馨、健康的学习环境，让孩子在这儿看见自己的成长和进步，让他们在小学的五年时光里尝试被肯定、被赞扬、被鼓励，也学会用爱和温暖的眼光去对待周围的一切，收获真善美。

**学校的一个举措，就能让学生温暖许久；一个善意，就能使学生成长步入“快车道”。**

## “人可”说

教育，要尊重学生的主体地位；以学生为本，就是坚持学生立场；为每一位学生终身发展奠基，就是坚持奠基教育。

心中有学生，是把学生当作国家的宝贝；眼中有学生，是把学生视作生命的个体；手中有学生，是把学生权作珍贵的财富。

而没有学生的教育是苍白的，无视学生的教育是白搭的，为难学生的教育是缺陷的。

学生是主人，本该是教育的永恒命题，是学校一切工作的出发点。据此，学校应该是兼有管理和服务职能的机构，教师应该是兼有教育和服务职责的“灵魂工程师”。

位置摆正了，教育才会出彩，教师才有成就，学校才有地位，当然，“小主人”才会健康成长。

# 最爱“中国心”

## 让爱国成为习惯

课程，是教育的核心，是教育活动的载体。校本课程，最能反映学校教育思想、办学理念、学校文化和育人特色。

发掘课程的内涵，打磨课程的特色，把课程锤炼成学生成长乐园的“营养大餐”。

洪庙小学是一所百年老校，前身为革命烈士李主一创办的“竟成小学”。学校以书法为特色，“翰墨修身 书道育人”的书法教育理念深入孩子们的内心，让孩子们在学习传统文化的过程中，提升民族认同感，培育爱国心。随着课程的改革和发展，学校在书法特色课程的基础上，不断拓展传统文化课程群建设。2019 年，学校梳理和优化传统节庆、贤文化、农耕专题等传统文化课程，最终形成“中国心”小蜜蜂综合实践课程。

每周五上“中国心”综合实践课程，是孩子们期待的事。“中国心”课程以二十四节气为线索，将理论与实践相结合，每一节课设计了符合学生年龄特点的综合实践活动，有参观体验、操作探究、实地观摩等内容，还有模拟游戏加入。课程的学习培育了学生的探究精神，让学生在动手操作的过程中，感受到了劳动人民的智慧和勤劳。

**课程方向的把握是关键，课程内容的选择显智慧，课程之间的整合见功力。上乘的课程，是学校呕心沥血的杰作。**

下面，就让我们一起来看一看五(1)班的晓晨小朋友对“中国心”课程的介绍吧！

## 我最爱的农耕馆

我们学校有一个很有意思的场馆，叫作农耕馆。农耕馆虽小，但里面的内容可丰富啦！有农耕用具，如犁、耙、风机等；有劳动人民的生活用具，如蓑衣、汤婆子等。这些东西，我在生活中从没见过。老师说，这些是爸爸妈妈小时候常见的东西，是劳动人民耕作和生活的必需品呢！农耕馆中还有二十四节气图，这一张张图中，藏着大学问，我在“中国心”课程里学习了有关二十四节气的知识，我真佩服劳动人民的智慧。

## 我最爱的点心制作

中华美食文化源远流长。在“中国心”课程中，老师会根据不同的节气，给我们讲解该节气的美食文化。例如：在学习立冬这一课时，我了解到南北方立冬风俗不同，最有名的莫过于北方有包饺子、吃饺子的风俗。因此在这一课的学习中，老师带领我们来到“中华点心坊”，教我们揉面、擀皮、做水饺，这是我第一次尝试做水饺，吃着自己做的水饺，感觉特别美味呢！等到了立冬这天，妈妈包水饺时，我也能成为小帮手了！

## 我最爱的民间游戏

“中国心”课程中，每课的活动内容都各不相同，有时候是做点心，有时候是外出考察学习，还有的时候，老师会带领我们玩有趣的民间游戏，让我们了解中华传统游戏的玩法。例如，在大暑这个节气中，农民们会进行晚稻插秧的活动。于是老师运用道具，让我们模拟插秧比赛，玩了才知道，看似容易的插秧活动，其实也很费力呢！农民们真是辛苦，我们得爱惜粮食，不浪费粮食。霜降节气的“挖红薯”比赛、白露节气的“摘棉花”练习……都让我们体会到了民间运动的有趣和农民生活的不易。

洪庙小学注重中华优秀文化的传播，“中国心”课程通过理论学习和实践体验，进行学科整合，采取动静结合，将传统风俗与现代风尚相对照，让学生了解历史，展望未来，培育有动手能力、探究精神、科学意识、民族精神的新时代好少年。

**让学生喜欢的优秀课程，一定是育人理念的体现、学校特色的集成、培养目标的浓缩，是讲好学校“立德树人”故事的“绘本”。**

## “人可”说

中华优秀传统文化是一个宝库，在历史里，在档案里，在社会上，在人群中。学校将中华优秀传统文化建设成课程，有利于传承和发展。课程面对全体学生，普及到每一位学生，这样就能使每一位学生分享瑰宝，得到滋润。

其实，教育只有最合适的，没有最好的。能在学校办学“土壤”中“深耕”的，并且能够长出茂盛“果实”的教育，一定是最适合本校的。

“拿来”可以，但须经“嫁接”。同理，“校本化”不是说只要是本土的“产品”就一定行。

课程建设不易，成熟的课程难得。

发现 12

# “时光宝盒”能蕴含什么

## 埋在心底的信念

成长有记忆，时光会“倒流”，期许能“变现”，同学能重逢，让美好祝愿浓缩在一笺信纸中，让时光承载彼此的思念与祝福。

带走的是希望，留下的是对学校的深情眷恋。

毕业以后，孩子们还能再见吗？还是只能凝望毕业照上那一张张灿烂的脸庞，然后，悄然躲进房间里，翻看着同学录上的一些留言，回想起那时的点点滴滴。可是，他们若干年后是否还会记得，那青涩稚嫩的自己当年所说的天真话语？

五年级的孩子们即将毕业了！离开母校前，按照惯例他们会一起拍毕业照，在“同学录”上互赠留言，但我们发现，孩子们只忙着给同学留言，谁也没有想到给现在的自己写一段话，或记录一些美好的回忆，给予未来的自己一份期许。

为了让孩子们最后的小学时光过得充实而有意义，在德育处和五年级老师的精心策划下，学校决定开展一次不一样的小学毕业典礼“我在二十年后等你——写一封给自己的信”，在毕业典礼那天把它们一起存放入班级的“时光宝盒”中。二十年后，学籍分管老师会和孩子们相约回到母校，打开他们的“时光宝盒”，共同回忆当年美好的校园生活。

**创意，是教育永葆“生鲜”活力的秘籍。即使是一个小小的创意，也要胜过“重复使用”的“习以为常”。创意，是打开学生心扉、放飞遐想的“伙伴”。**

周五的班会课上，当班主任拿着“时光宝盒”宣布这个活动后，孩子们个个争先恐后地举手发言。

“我想给未来的自己写一封信，看看多年后，我给自己定的目标是否都实现了。”

“我长大后想成为一名服装设计师，为山区的孩子们设计好看的衣服。”

“我要成为一名优秀的老师，去支教。”

“还有我！”

“我也是……”

……

发言完毕后，孩子们认真地写下了给自己的一封信，并郑重地签上自己的名字。

毕业典礼如期而至，孩子们手捧着信，小心翼翼地把它们放入班级的“时光宝盒”。班主任老师把孩子们的集体照一起放入，并封存起来。校长亲手给每个孩子颁发毕业证书，并对他们每人说一句贴心话。孩子们感动得泪流满面，连平时不善言辞的小怡都说：“把信放入的那一刻，感觉小学生活中这些美好的回忆都保存了下来，二十年后我可以打开细细品味。小学虽然毕业了，但我们将从这儿出发，迎接更美好的未来。”

还沉浸在离别伤感中的她，当谈起未来时，眼神转瞬变得明亮了。的确，“时光宝盒”是五年小学学习生涯的句点，也是开启未来篇章的起点。

洪小毕业生在离校之际，把属于自己小学时代的那份美好记忆藏入“时光宝盒”，锁上名为“记忆”的锁，留存名为“未来”的钥匙。待二十年后，他们相约再聚，重启“时光宝盒”时，定然会有别样的情怀！

**入学和毕业，是学生学习生涯中略带伤感但最令人难忘的记忆。让此刻变得富有意义，有仪式感，将会陪伴学生终生。**

## “人可”说

毕业，是教育的重头戏。

毕业，是学业告一段落的句号。这个句号如何画，还是有讲究的。学子对毕业的日子往往是印象深刻、记忆犹新的。这个句号，是对学校教育的审视。在毕业的一刹那，教育的情愫会达到一个“沸点”。

毕业典礼，是学校影响持续增加的“砝码”，是留给学生的心灵“线索”。毕业典礼，其实就是学校精粹和经典的亮相。

毕业，要有仪式感；毕业典礼，要有神圣感。

毕业典礼，要学会造势，形成强烈的教育冲击波；要学会生势，产生巨大的教育生态链；要学会长势，建筑更高的人生新坐标。

教育是创造美好的工程，是留下精彩的画家。让学生在毕业环节这个重要成长节点“说上话”“做些事”，成为此刻的感悟瞬间、曾经的经典永恒。不求完美，但求真实；不求宏大，但求肺腑。

教育是为学生做点什么，留下点什么，期待些什么。

发现
13

# 带着“小蜜蜂护照”去上学

## 如何创意孕育成长

教育是点子，是点子成就了教育，是点子为教育犁出了一片新天地。

点子是灵光闪现，是爱心使然。点子是集体智慧，点子，更是学生启迪。

没有学生，何来点子？

灵光一现，想法初成。“雏鹰争章”把对学生的思想道德素质、科学文化素质和健康素质等方面的要求，具体内化为若干枚“雏鹰奖章”，如“自立章”“爱心章”“友爱章”“安全章”等，鼓励学生从日常生活及学习的具体环节入手，通过争章，不断为自己确立新的目标，发现自己的潜能，看到自己的进步，证明自己的进步。

新学期即将来临，又要开始新的争章活动了，可是学校虽然提出了争章的内容和要求，班级布置中设置了一块区域专门用来争章，但通过检查和观察，发现大部分班级并没有很好地利用这一资源；小部分班级也只有班主任参与了争章的内容和考评，其他综合学科老师没有参与其中。这一奖励举措自然地让学生更重视主学科，而忽略了综合型课程的学习。如何让学生爱上每一门学科，提高他们的积极性呢？我们联想到一年级新生入学准备期用闯关来兑换奖品，六一儿童节用券来兑换礼物，不管大朋友还是小朋友都热情高涨，获得了快乐，我们想也许可以尝试游戏积分的方式，为每一位学生订制一本“护照”，让班主任、各任课教师每天都可以对学生进行过程性评价，激发学生的争章兴趣。“小蜜蜂护照”应运而生。

各方支着，听取意见。

**从“雏鹰奖章”到“小蜜蜂护照”的“华丽转身”，是洪小师生合力运作的结果。师生彼此成就，育人共同推进。**

从一个想法诞生到真正落地需要不断完善，更需要得到所有老师的支持。于是，学校邀请了年级组长作为各个年级的代表一同参与“小蜜蜂护照”的设计。经过老师们的思维碰撞，大家一致认为护照须具有全过程、全学科、全方位的特点，让全校教师共同参与敲章评价。

明确细则，有章可循。翻开护照的第一页，有学生的照片和名字，对孩子来说这是一种身份的象征，让他们手持“小蜜蜂护照”时，感到愉悦

和光荣。

考章内容共分为四项：第一项是懂规则、讲礼仪，即学生的行为规范。第二项是善学习、乐思考，即学生喜欢学习，积极参与课堂互动，高质量地完成作业。为了让综合学科老师也积极地参与到对学生的评价中来，我们在这一项中把各个学科都罗列出来。第三项是爱探究、会合作。第四项是勤劳动、负责任，能认真做好班级和校园小家务，积极参与社区志愿者服务活动等。

颁发“护照”，见证成长。开学的第一天，行政值日老师站在校门口，为每个孩子郑重颁发了“小蜜蜂护照”。这是一种身份的象征，护照上获得的每一个章是孩子们每一天的小进步、小收获。我们为每一位教师订制了一枚专属自己的印章，让每位教师更加关注孩子，参与到他们的成长中来，点燃教师育人和教学的热情。现在，孩子视“小蜜蜂护照”为珍宝，经常看到他们手捧着“小蜜蜂护照”，脸上洋溢着笑容，在和同学交流着自己今天得到了几个章。一本小小的“小蜜蜂护照”，让他们每天看到了自己的成长。“小蜜蜂护照”的使用也让家长了解孩子每天在校的表现，成为家校沟通的桥梁，更好地实现家校共育。

**教育何尝不是在颁发“小蜜蜂护照”呢？留存过往，肯定今天，祝福明天。“小蜜蜂护照”的翻页，就是教育的欣然。**

带着护照去上学，将会成为他们人生路上的美好回忆。若干年后，孩子们看到“小蜜蜂护照”，会想起那些年自己的成长……

## “人可”说

教育，要有好的内容，还要有好的形式，更要有好的传递。内容与形式的统一，传达与传递的融合，是使教育产能在的关键。内容奠定基础，形式影响效果，传递增加分量。

教育本身不缺新意，是缺少发现新意的眼光；教育也不缺创意，是缺少驱动创意的头脑。

思路决定了眼光的敏锐，深度制约着头脑的泉涌。“护照”的诞生，是对常规的一次突破，对教育规律的近距离握手。

启用“护照”，仍保留“章”的功用，是育人理念的连续，是对曾经并至今仍有积极作用的做法的敬意。

# 名家面对面

## 有点亲近，有点选择

名家，总有吸引人的地方，崇拜名家，往往是学生这个年龄段的普遍行为。

学名家什么，学校的“名家进校园”总能提供方案。

名家是什么？在洪小很多孩子的眼里，名家是电视机里打篮球、踢足球的体育明星，是广播里的电台 DJ，是报纸杂志上的作家……名家离孩子们太遥远了。为了让孩子们打开眼界，心存梦想，与名家亲密接触，学校请进名家与孩子们面对面互动。

还记得那一句“俺老孙来也”吗？当孩子们心中的“齐天大圣”——六小龄童带着他的“金箍棒”以及他历尽九九八十一难后取得的“真经”来到同学们面前时，孩子们兴奋的欢呼声、喝彩声响彻校园的上空。六小龄童先生在现场给同学们表演了一场猴戏，他耍起“金箍棒”来虎虎生风，动作依旧是那么灵活、那么矫健，根本看不出是一位年过半百的老人。同学们在拍手叫好的同时也表示想上台耍“金箍棒”，可当他们来到台上后，却发现拿起这金箍棒都要费很大的力气，别提耍金箍棒了！六小龄童先生用他自身的经历告诉孩子们：“一招一式都不是一朝一夕就能够练成的，我以前为了练好‘火眼金睛’，每天凝视烛光很长时间；为了耍好‘金箍棒’，夜以继日地练，只有坚持勤学苦练才有成功的可能！”在场的同学们听完了他的这段话都情不自禁地鼓起了掌。后来就连班中最顽皮的学生也挺起了胸膛对老师说：“我也要像孙悟空一样学会坚持！”“那你应该坚持什么呢？”老师追问道。“坚持每天认真写作业，认真上课！”老师笑着给他竖起了大拇指。

是啊，不经历磨炼，不历经苦难，孙悟空怎么能学到那神通广大的本领呢？世间万事万物皆是如此，但凡美好的东西都是需要人们通过不断的努力，不断的奋斗才能实现。只要有梦想，懂得坚持的人一定会成功。

**面对面的真实情景，对孩子来说，是迅速建立联系的“参照物”。**

学校还邀请了小作家钟睿思和钟睿莹姐妹，她们和孩子们分享了自己的故事。从小她们俩从小就每天坚持看书、写感受，哪怕再忙、再累，她们也会这样做。慢慢地，这一坚持已经变成了习惯。

书法家申福华老师告诉孩子们：他小时候有个梦想，想成为书法家。他在读书的时候常提笔即练字，现在他每天回到家再晚都要练几笔，这

样才能安心休息。日复一日，年复一年，每天坚持练书法，才有所成。

名家们的话语余音袅袅，回荡在孩子们的耳边。或许名家们成功的形式、内容都不一样，但他们有一个共同点：怀有梦想，坚持不懈。

“名家进校园”活动给学生带来了难忘的精神之旅，送来了丰盛的听觉大餐，也留下了珍贵的美好回忆。通过名家们身上的故事，孩子更加懂得了“有志者事竟成”的道理。有志向的人只要怀揣梦想，坚持不懈定会成功。希望孩子们能学习名家身上那永不放弃的精神，都能朝着自己甜蜜的梦飞翔。

**从名人中学习什么，这种导向性的问题有时就在真实的介绍中得到启示。**

## “人可”说

名家，是教育的财富，只是在具体操作时要有些“头脑”：既要满足学生崇拜名家的心理，也要引导学生跳出名家的单一思维。

人生在世，要有些追求，这是名家留给大众的鲜明特点，之所以成为名家，是有成果之名，有成就之家。而这些成果、成就都来自主客观的匹配，来自客观条件的创设和主观的刻苦努力。

用名家之名、之家来鼓励学生“成名成家”并没有错，但我们的教育不能不及其余。毕竟，成为名人名家的并不多，且即使成名成家了也未必对学生都有益。在“名家进校园”的同时，我们是否也该请一些平凡之人进校园，让他们讲讲普通的道理？

# 第三篇
# 探索无穷

探索，是推开天窗的精神呼吸，也是打开自然的入门钥匙，更是叩开心灵的经典尝试。

探索，从未知到求知，从求知到已知，从已知到穷知。

探索，是学得的常见方法，也是习得的常用手段，更是多得的常规方式。人的一生与探索相伴，但不同时期的探索所得是不一样的，儿童、少年的探索，由兴趣引发，由爱好伴随，由习惯辅佐，由意志影响，由目标导航。

探索，是一种发现的置换；发现，是一种探索的表现。发现什么并不重要，关键是拥有了发现的内在动力和意识。

发现，能让探索变得具象，能让探索变得形象，能让探索变得万象。

发现一个点，会获得亲知；发现一个面，能获得认知；发现一条线，能获得深知。发现，是对成长的贡献。

探索无穷，天下没底，正因为如此，才有了无穷教益和乐趣。

探索自然，意欲穷尽世间万物，物我两忘。探索人生，起步阶段迈好步伐，成长无忧。满足学生探索欲望，培养学生探究兴趣。探索是学习的动力，是智慧的源流。保持探索，进阶无止。

法布尔生态实验室

发现
15

# “法布尔”落户校园不简单

## 校园环境，也是教育的“镜子”

特色教育，是学校一抹亮丽的风景。她寄寓着学校的教育理想，牵挂着教师的育人情怀。

“法布尔”是洪小的地标，学生仰慕探索的“圣地”。她对学生产生的影响力，已远远超出其本身的教学实践价值。

你觉得校园里什么地方最有看头?

校园里，你喜欢去哪里读书?

你觉得校园里，什么地方值得你去几次的?

在家里，向父母和亲戚介绍学校时，哪个地方你一定不会忘记?

……

随时随地，问十个学生，九个学生会回答“法布尔”，而且声音里透着自豪。

“法布尔”是什么呀?法布尔是法国著名的昆虫学家，也是作家，被世人称为“昆虫界的荷马”。他是世界上第一个在自然状态下研究昆虫的人，并写出了《昆虫记》这样优秀的作品。

在洪庙小学，“法布尔”是一个用法布尔科学家名字命名的实验室。

学校建立实验室的初衷是美好的，就是希望孩子们像作家一样，能在大自然中研究他们感兴趣的问题，能在读书的时候充分感受大自然的童趣与美好，把大自然的美好留在自己心间。

**探究，是教育的崇尚，是学生的向往。两者的互融，诞生了学校独特的科学探究基地。**

“法布尔”实验室由阳光屋、木实谷、馨香苑、步耘坪、三味书径、雁鸣小筑、本草园等 12 个板块组成，置于室外和室内。

走进法布尔，我们首先看到的是“法布尔”的简单介绍，而令我们感觉兴趣的是印在墙上的“法布尔”说过的一些话。

——“开步走吧，只要走，自然会产生力量!”

——“学习这件事不在乎有没有人教你，最重要的是自己有没有觉悟与恒心。”

——“在对某个事物说‘是’以前，我要观察、触摸，而且不是一次，是两三次，甚至没完没了，直到没有任何怀疑为止。”

——“我不过是一盏灯，照亮了我面前的一小块路而已。”

——“我们所谓的丑美脏净，在大自然那里是没有意义的。”

——“毋庸讳言，在昆虫学领域应该保有少许天真。”

这些直白但却鞭辟入里的话，同学们会情不自禁地品味其中的意义，并对今后的成长产生积极的影响。

而后，我们走上“法布尔”的休闲步道。休闲步道，我们叫它“三味书径”。“三味”沿用了鲁迅先生的《三味书屋》的“三味”，感觉有出典，增加了实验室的书香和探究氛围。走在其上，看上去是领略不同的田园风景，其实是在寻访人生风景，是在探索人生之路，求索成才之路。

“步耘坪”，一听名字就知道，这是一步一耕耘的意思。想告诉孩子们，即使是一棵菜秧，离开了泥土，离开了种植，离开了浇灌，也是长不大的。孩子们在自己的菜地上播种、浇水、施肥的活动过程，以及最后收获的喜悦分享，可以实际体味劳动的辛苦、劳动的意义，从而慢慢树立劳动观念。

“馨香苑”是“法布尔”内的花卉区。地方比较逼仄，但孩子们种的花花草草往四处攀爬、攀缘和连接，使得空间扩展了。他们在这里学习扦插与培植，懂得了不同种类的植物需要不同的管理技术。小雏菊、郁金香、绣球……孩子们都能说出特点来。

紧挨着“馨香苑”的是“木实谷”，这里有很多果树。果树是需要守护的，虫来了要捉，天冷了要给树穿上稻草制成的暖衣，天热了要给果树降温……他们在实践中懂得了自然之物与四时季节之间的微妙关系。

孩子们在这里可以问询和探究。慢慢地，孩子们成了自然生命的探问者。

在“雁鸣小筑”，孩子们问：小兔子的眼睛都是红色的吗？鸡和鸭为什么要打架呢？羊屎蛋为什么是圆的呢？

在“本草园”，孩子们关心的是：薄荷为什么会变色？蒲公英的种子能飘多远？

在“避风塘”，孩子们发现了“法布尔”的常客——白头鹎、白鹡鸰、珠颈斑鸠……他们想给鸟儿筑巢安家，但怎样的家才能让那些小动物称心和安心，这又是一个追问，追问动物的生活习性。

围绕着“法布尔”实验室产生的问题充满了孩子们追根溯源的童真，它们是培植孩子们科学精神的绝佳机会。

人说，孩子的成长，有不少是自然给予的启迪，“法布尔”是自然的象征。愿我们的孩子们，多去“法布尔”。

**把大自然搬进校园，给学生一块模拟自然环境的感受空间。今天与自然的亲密接触，可能连接着明天的人生成就。**

## “人可”说

教育，需要资源，也需要参照物。资源，使教育有了由头和线索；参照物，使教育有了比较和判断。

把“法布尔”引入校园，首先是引入一种教育的理念。书本知识和真实环境，要进行融合，教育要打开眼界。

其次是引入一种教育的资源。自然界的万千气象，是学生学习的最好素材，在校园创造条件与自然亲密接触，让体验近在眼前。

最后是引入一种教育的方法。习得的方法可以多种多样，蹲点观察，培育耕耘，主题试验，创造想象，让学习成为“万花筒”。

教育应当呈现真实，应当还原自然。从最底层的发生开始积累知识，是符合人的认知发展规律的。

教育没有捷径可走，但是教育却有通途可行。只须借取自然一角，便可做足“五育”全面发展文章。

“法布尔”虽小，却有教育大格局。

发现 16

# 茄子“生锈”以后

## 心不能生“锈”

教育是对问题的探索。教育与问题是一对“孪生兄弟”，没有问题，教育也就失去了存在的必要。

让学生保持对问题的好奇心、探究心，是获得知识和能力来源的重要途径。

把问题交给教育，把疑问留给学生，把结论留给过程。

“长得好好的茄子，为什么突然‘生锈’了呢？”

这是三（3）班晓媛同学发出的疑问。

疑问来自好奇。有一天，在法布尔实验室负责浇水的晓媛发现：实验室里那些长得水灵灵的茄子当中，有几只茄子的身体是灰色的，灰色的地方有皱皱的斑纹，圆的斑纹像铜钱般大，长的有手指般粗细，而且颜色灰黑，也有点灰黄，像家里边生锈的菜刀一样。晓媛同学担心这样的茄子今后会长不大，即使长大了也不能吃。能不能通过一定的技术手段，让茄子不“生锈”呢？

晓媛在“好奇宝贝总动员”中提出了这样的问题：“生锈”的茄子，是不是和人类一样，生了一种毛病？人生病，可以看；茄子生病，可以看吗？

很快，“法布尔”植物小组的陈老师带领全组成员认领了这个“小问号”，他们邀请晓媛同学一起参加植物小组探寻答案的实验活动。

**问题是最好的老师，发现问题则是认知的底层基础。有“问题”的学生，当鼓励之。当众多的学生都有“问题”，教育的“看头”就有希望。**

植物小组全体成员来到了法布尔“步耘坪”进行实地考察。

他们给“生病”的茄子拍了照片，也给生长良好的茄子拍了照。两组照片放在一起，对比大小、样子、颜色等生长情况，谁好谁差，一目了然，大家觉得比较是认识实物的最好办法。

随后，小组成员自由组合，分成三组：一组同学进行问答式设计，围绕着茄子“生锈”的问题，专门请教了法布尔掌门人唐老师和管理员范伯伯，获知了茄子“生锈”的一般原因；二组同学来到图书馆，通过阅读书籍和电子阅览设备了解了茄子“生锈”的外在条件和内在原因，三组同学借助iPad，通过形色软件、百度App等进行网络检索，获得茄子生病的原理。

最后各组将各自获得的信息进行书面整理、整合，提出了基本想法，并充分征求唐老师、管理员、陈老师的意见，最后得出一个结论：茄子出现锈斑确实是生病了，茄子生病是有原因的，一般都是由外力造成的，这个外力不外乎以下三种情况：一是碰伤，二是虫害，三是气温异常。大家对自己的探究发现感到满意，都愿意继续求证。

**轻松得到不如探究获得，现成答案不如自寻求解。教育切忌包办，但也绝非放任不管。适当的度，宽松的环境，让学生扎得下去，浮得上来。**

例如“碰伤”，大家先对茄子表皮进行“微创破坏”，后来就每天观察记录茄子的后续生长情况，一星期不到，“生锈”现象果然发生了。大家为自己实验后的再度发现感到自豪，原来出现问题是正常的，

关键是出现问题后要学会研究问题。

是不是可以未雨绸缪，来防止这种情况的发生呢？

是的，是的，大家肯定地说。如果做成功了，一来可以让法布尔的茄子长得更健康、更美丽；二来可以告诉父母，家里菜地的茄子该怎样防止“生锈”，从而确保种多少收获多少。大家想出了许多的办法，比如早晚各捉一次虫；天最热的时候，早晨与傍晚可以各浇一次水，水的多少看地面水干的速度；要注意通风，适当地修剪茄子的枝叶；每次采摘茄子时，走路与采摘需要做到轻手轻脚，尽量不碰折和碰断茄子的秆茎叶。

关于茄子的探究在两周的时间里结束了，结束的是探究的过程，但这个过程里所萌发的探究兴趣，所学到的探究方法，将永存孩子们心中。

## “人可”说

问题，是学习之“靶”，有了“靶”，就有了教育射箭的需要。能提出一个问题远比解释一个问题来得重要、来得有意义。

问题，是求知之“母”，知识是对问题的求解，问题往往给知识留了条“后路”，有了问题才有知识的存在。

因此，对问题的态度成了分水岭。亲近问题，不仅不会惹麻烦，反而会为破解问题带来动力；认识问题，不仅不会犯愁，反而会为解决问题带来思路；解决问题，不仅不会无功而返，反而会为了断问题带来转机。

教育就是提出问题，然后解决问题。教育找不出问题，是教育本身出了问题；学生提不出问题，是教育的失误。

教育的心胸，是让学生多提问题、多有质疑、多会思考，让学生利用已有知识去自行解答。

提出并解决一个问题，能举一反三诸多问题。这是教育的放大效应。

发现
17

# 校园植物是个“万花筒”

## 联系，是思维的要义

教育的奥秘在于打通书本与实践的界限，疏通理性与感性的联系。做好了，教育也就没有奥秘可言。

对于陌生，人们往往具有神秘感。最好的办法，是到神秘的大本营去走一趟。

走进学校“法布尔”，你会看到奇异扇状叶的树，虎皮花纹的蕨类植物，肉质饱满的多肉宝宝，神奇的中草药……成百种植物，让人应接不暇。孩子们经常成群结队地走进“法布尔”，欣赏它们的外貌，观察它们的成长。

“法布尔”就像洪小孩子们的“百草园”，里面的植物也成了孩子们的好伙伴，他们迫切地想认识这些“伙伴”，叫出它们的名字。可是这么多种类，孩子们哪能都认识？于是，他们开始了“自创”植物名称之旅：

外形松散，中间有朵红花的，就叫它“一点红”；叶片有虎皮花纹，圆嘟嘟的，就叫它老虎屁股……学校建立“法布尔”，就是为了给孩子们搭建接触自然、探究自然的平台，这种探究，虽然带着“草根性”，但也不能完全脱离科学性和专业性。既然孩子们这么想认识“法布尔”的一草一木，那就成立一个植物识别小组，让酷爱种植花草的周老师来做专业指导吧。

孩子们在周老师的带领下，互相讨论着识别的方法，共同比较着植物的区别，精心绘制着植株的样子……通过查阅资料、上网搜集甚至利用植物识别 App 等各种方法开展校园植物种类大鉴别，“重新”认识“法布尔”实验室的每一株植物。他们在植物识别的过程中逐渐了解了叶片的不同特点，认识了上百种植物。有时候，为了区分外表相似的植物，他们还会专门开展调查研究，如长相好似“双胞胎”的“牵牛花”和“碧冬茄”，有的同学认为两种花在颜色上有细微的差别，有的同学认为叶片是区分它们的最佳途径。经过小小辩论，他们得出了要通过叶片和花的纹路来加以区分的结论……孩子们在植物识别的过程中，不但发现了植物本身的魅力，更感受到了探究自然的乐趣。

**实践是认识的唯一源泉，百闻不如一见。创设实践、实验环境，提供实践、实验环节，让学生尽可能多地到自然环境中了解、学习、增长知识。**

如何让“小专家”们发挥更大的作用，让每个洪小的孩子都能有机会学习植物知识呢？在识别小组老师的建议下，孩子们开始为每个植物制作“铭牌”。他们根据自己的知识特长，撰写植物档案；他们发挥美术专长，给植物绘制精美的图案；他们还根据自己的想法，给铭牌进行图形设计。就这样，每种植物系上了专属的铭牌。为了让全校同学更全面地了解植物知识，“小专家”们还利用课余时间进行讲解。通过介绍，同学们了解了枫叶会在秋天变色的原因；知道含羞草只要用手一碰，叶子就会收起来的特点；了解了车前草名字由来的故事……每个人都成了植物铭牌的受益人。“小专家”们用自己的方式传播着知识和美好，小伙伴们也在这种分享下，更加关注植物，埋下了保护生态的种子。

渐渐地，“法布尔”成了开放的自然课堂，“植物铭牌”成了联系孩子们的纽带。教学相长使孩子们共同成为小专家，识别植物、制作铭牌，既增长了知识，又增进了友谊，这应该就是成长的乐趣吧！

**不浪费每一个可能收获的环节，让实践活动的效益增值、实践体验的效果放大。**

## “人可”说

引入“法布尔”是一大教育创举。它不是简单的植物位移，也不是树木搬家，而是自然景观与教育的融为一体，植物王国与教育王国的交相辉映。

不是自然界所有好的东西都可移入校园，也不是社会上所有美的东西都要在校园复现。教育，要有所为有所不为。为的是与教育相连，不为的是教育不能承受过重。

初衷与效果，是教育的两个基本坚持。中间既是环节也是过程，连着两头，实为重要。

初衷既定，通往达到效果的路径的选择尤显突出。让实践来解决实际问题，让认知回归实践本源，还教育原本的清流。

其实，有效的书本知识学习，也无处不有实践参与的影子。

发现
18

# 种菜，也有大学问

## 种下了，就有收获

学问来自亲历，来自动手。教育也是如此。

让学生通过动脑动手获取成长养料，是教育一以贯之的恪守。

引申开来，教师育人、课程育德的学问也来自无数次的活动与实践。

“我们有自己的菜地啦！”

三年级的学生奔走相告，为自己在校园内获得一块菜地而欢呼：他们跳跃、击掌、拥抱，都说这是一个很大的荣誉。他们整整高兴了一周。

一周以后，欢呼变成了沉静。

嘿！菜地是用来种蔬菜的，蔬菜怎么种？种什么蔬菜，种子哪里来？什么时候种？如何种法？种好后如何管理？想到这里，大家觉得困难很多，而且一时无法解决，商量去商量来，他们决定先邀请班主任做他们的菜地顾问，先听听顾问的意见。

班主任们都建议开个班会讨论研究。

于是，各班关于菜地的交流会开始了：有孩子觉得青菜种植容易，生长周期短，青菜的生命力强，容易看得见“成果”，应该种青菜；有孩子

从学校食堂学生最受欢迎的番茄炒鸡蛋说起，认为番茄炒蛋最受欢迎，应该种番茄，可是却遭到了同学的反对，认为9月不适合种植番茄；有的孩子认为种萝卜，萝卜产量高，营养价值高，也遭到了反对，认为萝卜生长期太长了……最后大家在老师的引导下得出一个结论：想种什么都可以，首先是要符合蔬菜的生长季节，这样菜地就不会闲置；其次要考虑产量，以便将来有丰足的收成；当然还要考虑蔬菜的易种易活、顾客的喜好程度等。

后来各班都有了自己的选择：三（1）班种植大白菜，三（2）班决定种植土豆，三（3）班决定种植山芋……大家在构想中像是看到了收成的蔬菜，脸上再次洋溢笑容，觉得集体总是比个人有智慧、有办法。

可是，种菜是个技术活儿。大家看见过爷爷奶奶、父亲母亲种菜，自己却没有下地劳动过。孩子们开始商议，最后想出了一个办法，一方面自己抓紧学习书本知识，另一方面请家长做技术指导。有了家长的经验传授，加上书本知识、视频演示，同学们一学就会了，而且能够举一反三，包括学会了种土豆、种山芋等其他蔬菜。

**困难是为克服它的学生而准备的，在有准备的学生面前，困难更像是“朋友”，因为，它使学生“从无到有”。**

为了更好地观察菜地蔬菜的长势，参加种植的同学都有一本记录蔬菜生长情况的手册，记录长势：秧苗的长短，叶片的分叶，秆茎的粗细，都是数字化、图片化的表述与描述。有时他们还拿着工具给菜地松土、培土、浇水、施肥、除虫，劳动使他们更看得进书本，更听得进大人的话。一次又一次的菜地劳动，让他们看见了一棵蔬菜的成长过程，懂得了蔬菜生长的规律，明白了蔬菜成为桌上佳肴的秘密。

种菜得菜，这是个事实。亲临亲历这个事实的人，更懂得丰收的意义。

蔬菜成熟季到了，菜该如何处置呢？是内部消化，还是对外营销，抑或是其他？在听取了顾问和家长的意见后，三年级的孩子们决定在校园里办一场蔬菜义卖会，他们将绿色健康菜卖给了老师和同学，不仅获得了积分卡，赢得了下一次菜地种植的启动资金，更重要的是：他们在义卖中获得了许多赞美、尊敬的言语和目光。

有孩子说：书上、地上，都有知识！

是的，学习与实践都重要，他们都要学会。

**知识和规律一样是客观存在的。到处都有知识，只要用心发现、尽心去学。**

## “人可”说

人类知识浩如烟海，无边无际。书本，也许是知识呈现的一种重要载体，有其特殊的功效，能为学生带来相对系统的知识和知识体系。

然而，书本学习并不等于知识学习。来自生活实践和体验的习得，也是获得知识的渠道。间接知识和直接知识，对学生的知识学习和知识结构，都是需要的。间接知识，大多来自前人，以归纳梳理而成的书本为主；而直接知识则大多来自体验和实践的所得，以个人的感悟、领悟为主。两种渠道，各有各的益处，只是不要偏颇。

人们往往对学问的崇尚是书本知识，过去多，现在还有。其实，任何知识都是从实践中得来的。

小学生在最初建立基本知识体系架构时，到实践中去体验是十分必要的。有多少量的实践体验，就有多少量的知识收成。

实践体验环节，还对小学生的健康人格塑造极有益处。

发现
19

# 《昆虫记》
## ——叩开亲子阅读之门

### 阅读，是一种精神呼吸

亲子阅读，读物的选择十分重要。

亲子阅读，阅读是形式，共情是内容；活动是载体，共识是关键。

为了让家长们抽出时间陪孩子阅读，也为了让孩子们爱上阅读，德育处老师想以学校读书节为契机，设计一次与亲子阅读有关的活动。在各班班主任的调查下，发现大部分孩子都比较喜欢科学类的书籍。在与各年级组长讨论后，德育处最终选定了《昆虫记》这本书。

为了引起孩子们的兴趣，老师们设计了别开生面的读书节开幕式。在精心排练的课本剧中，虫虫家族中的小蝴蝶、小蜻蜓、七星瓢虫、小蚂蚁和蚕宝宝纷纷赶来，它们也想要去参加“虫虫闯关记”。

“虫虫闯关记”？孩子们都非常好奇，但要去参加“虫虫闯关记”，就得和爸妈一起读闯关秘籍——《昆虫记》。

孩子们和家长都热情满满，信心十足，开启了属于他们的昆虫探秘之旅。《昆虫记》成了孩子们课间、午间的知己，更是每晚睡前和父母必读的书籍。孩子和家长们每天都要走进《昆虫记》，听阳光下的歌唱家蝉先生放声歌唱，看螳螂毫不留情地挥动它的武器……我们常常能在各类平台看到孩子和父母阅读的身影。

在家长的指导下，在亲子共读中，孩子和家长不仅学到了许多与昆虫有关的知识，还从书本的故事展开中感受到了富有诗意的语言和天真烂漫的童趣，被书中故事的科学知识和文学意味深深吸引。家长们也慢慢习惯每天晚上抽出时间陪伴孩子看书，亲子阅读成了一道亮丽的风景。

**亲子阅读，首先是家长的投情阅读。只有家长养成良好的阅读习惯和陪伴方式，亲子阅读才能健康持久进行。**

为了让孩子们在最后的闯关环节既能和父母玩得高兴，又能根据学到的知识来闯关，老师和家长们共同设计场馆的闯关关卡。

12 月的一天，洪庙小学的综合楼被装扮成了神秘的昆虫世界，一间间专用教室变成了布满“蜘蛛网”的“盘丝洞”、树叶枯枝装扮而成的

“蟋蟀之家”、鲜花盛开的“蝴蝶谷”……孩子们在爸爸妈妈的带领下，拿着闯关地图，开启了“虫虫闯关记”。

那天的“昆虫世界”真是热闹非凡，每个场馆门口都挤满了人。小君拿着闯关卡直奔“蝴蝶谷”，爷爷一把拉住他：“别急，我们一起先来研究一下闯关的攻略。”爷爷又指着地图说：“我们赶紧转一圈，先去踩个点，找人少的地方闯关。”他们来到了“盘丝洞”，这里有五个关卡，分别是“七拼八凑”“律动的虫虫”“穿越蜘蛛网”“虫虫复活”“虫虫模仿秀”。小君非常顺利地完成了第一关“七拼八凑”，靠着自然课上学到的知识，很快地完成了昆虫模型的拼装。第二关对一把年纪的爷爷来说，实在是太难了。为了帮孙子顺利闯关，六十多岁的爷爷跟着屏幕中的昆虫一起舞动，同手同脚，把周围的人都逗笑了，他们勉强过了关。第三关对他们来说小菜一碟，首先爷爷负责摘粘在蜘蛛网上的“虫虫”题卡，小君负责答题，没几分钟就答对了十道题目。接着，小君和爷爷复活了两只昆虫，他们用橡皮泥为昆虫捏出缺失的部位，使昆虫宝宝得以“复活”；最后，祖孙俩又合作完成了“小蜜蜂”的模仿秀。看到闯关卡上的五个奖章，小君甬提有多高兴了！

看着孩子和家长们既学到了知识，又玩得那么尽兴，我们不禁感慨，今年的读书节活动比往年更受学生欢迎。经过这次阅读活动，越来越多的家长愿意抽出时间陪伴孩子阅读，每晚亲子阅读的场面也渐渐成了每个洪小学生家庭中最温馨的画面。用《昆虫记》叩开亲子阅读之门，用一个月的阅读活动，养成一个家庭的良好互动，让阅读成为每一个孩子、每一个家庭生活的一部分。

**亲子阅读能改变育儿方式，改善家校共育的质量，提升的是孩子素养，提高的是家长觉悟。**

## “人可”说

阅读，是人生的一门终身课程，与人生长而生，与人成长而随。可以说，人的一生也是阅读的一生，只是自觉或不自觉罢了。

阅读，展开的不仅是书本媒介，也是心灵世界。

阅读，是与自然对话，与社会对话，与人对话，与自己对话。这种对话，往往是阅读的打开方式。

阅读的打开方式，影响着阅读的天地、阅读的层次、阅读的结构、阅读的情趣。

亲子阅读，是父子、母子、父女、母女间知识寻旅的“约定”，也是情感沟通的“桥梁”。因此，亲子阅读，既带有家长引领的意味，也有共同学习的磋商，对低年级学生来说，是阅读的“家庭地带”。

教育是教会人“阅读”的教育。从“阅读”自己、“阅读”父母开始，到“阅读”人生、“阅读”社会，教育都是在做“阅读”这件事。

教育改变人生，是通过“阅读”——知书达理来实现的。

阅读通顺了，人的境界也随之提升了。

发现 20

# 见证生命的奇迹

## 即使是幼稚的问题也是有生命力的

生命，某种程度上说，应该是教育的全部意义。教育，本质上是人类生命延续的活动。

亲见生命诞生，是感悟生命不易、生命珍贵的极佳机遇。生命教育，从此开始不为过。

要孵蛋了……

“法布尔”综合活动课程中，有一个孵蛋的活动。

当学生从学案中知道有这样一个活动时，都表示不敢相信。“老师，是我们自己孵吗？”“老师，蛋真的能孵出小鸡来吗？”“老师，我不会孵小鸡啊？”……

直到孩子们看到了摆放在实验室里的孵蛋器，才认识到有小精灵就要在“法布尔”课堂中诞生，他们就要见证一个生命奇迹了。孩子们的眼中写满了兴奋与期待，他们奔走相告，开始关心并讨论小精灵们诞生后的生活问题。

什么样的鸡蛋可以孵出小鸡呢？

问题很快就来了，蛋呢？

随便拿个蛋就能孵出小鸡来吗？答案当然是否定的。学生就有了一个探究的问题：什么样的鸡蛋可以孵出小鸡来？

那就探究一下吧，孩子们认领了任务单，利用一周时间，带着问题回去找鸡蛋。果然，蛋来了，答案也来了。多数学生说能孵出小鸡的蛋必须是受精卵，信息获取的渠道也基本都是大人告知的；也有很少的孩子特地去查阅了资料。看来，我们孩子的探究手段比较单一，对“权威”的话语比较看重，缺少质疑的精神。指导老师对此进行了及时的引导，在保护学生的探究意识的同时，让孩子们了解了探究问题的多种方式方法。

让我们孵蛋吧！

**不事先告诉答案，让学生集思广益，允许试错，在过程中明白弄懂，是教育最好的“答案”。**

参加活动的孩子一早就将自己负责的鸡蛋“包裹”得严严实实地带到学校，战战兢兢地保存到下午的活动时间。虽然知道只有受精卵才能孵蛋，但只有一半的学生声称自己拿来的是受精卵的蛋，仅有几个可能的受精卵的蛋，也是孩子们的父母通过网络辗转淘得的。

受精的和没受过精的鸡蛋外形上看不出区别，我们怎么区分呢？也许秘密就在蛋的内部。学生又开始动脑筋了，不打开鸡蛋如何观察内部情况呢？四年级自然的黑箱实验给了他们启发，利用强光手电可以观察鸡蛋内部，发现两种鸡蛋还是略有不同的。孩子们在老师的指导下，仔细观察着每个鸡蛋的“内部构造”，激动不已地把受过精的鸡蛋放进了孵蛋器。

鸡蛋放进了孵化器，接下来就是漫长的等待。孵化器的好处就是自动温控，湿度偏小了，就会报警。不过，孩子们也没闲着，他们分小组每天来到实验室，调节一下湿度，观察一下鸡蛋的变化，翻动一下蛋身，并做好相应的记录。孵化过程将会持续21天，除了双休日，很多孩子每天都来打卡。

一起照顾它！

第20天的时候，五只小鸡孵化了出来。可惜，由于是晚上孵化出来的，等早上发现的时候，有四只小鸡仔发生了状况，没能存活下来。那只健康的小鸡，就是我们今天的主角——“法布尔”的小精灵。

小鸡孵化的消息不胫而走，孩子们又失望又欢喜。失望的是没有等来希望中的成群的小鸡，欢喜的是他们见证了一个生命的诞生。从一颗蛋到一个毛茸茸的球，会动，会发出啾啾的鸣叫，那么小，却那么招人喜爱的小生命！

小鸡仔被安排在实验室的动物养殖箱内。那是一个孩子们一起布置的很温暖的小家，里面放了一个纸板做的小巢，垫着柔软的干草，活动区域都铺上了报纸，放了一小盆水和一小盆鸡食，再点上一盏小灯，温暖敞亮。

小鸡仔要在温室里待上一段时间。由谁来照顾它呢？没想到这成了一个难题。因为，几乎所有孩子都想成为小鸡的保姆。“每天都要喂的”“每天都要打扫的”“鸡屎很臭的”“可能还会啄人”，这些问题都没有吓倒热情的孩子们。没办法，大家那么热情，只好轮着来，一个小组“值日”的时候，其他小组可以进行监督。小鸡不会说话，监督员可以帮助小鸡进行投诉，让服务变得更贴心。很难想象这些在家里碗都不会洗的孩子会不厌其烦地铲屎，小心翼翼地剁碎菜叶，往洗得铮亮的透明食盆里加水。相信这一刻，他们的心里一定镌刻上了某些东西，再难忘怀。

“法布尔”的精灵有名字了！

在饲养小鸡期间，给小鸡取名字的活动也开展得非常热烈。孩子们都想给小鸡起一个特殊的名字，整个四年级都参与了本次活动，征集到了上

百个名字，最后“法布尔”的精灵取名为“五一”，一是为了记住五存一的惨烈，二是彰显劳动的辉煌。

“五一”的第一个家就在综合楼的自然实验室里。上课的同学来来往往，每回都要簇拥在那里，隔着橱窗和“五一”打招呼。从“五一”的视角出发，一定是很恐怖的，所以一开始，它都会局促地在小天地里奔走，发出急促的啾啾声，让人甚是担心。不过，一周后，“五一”似乎找到了当明星的感觉，它会在显眼的地方踱步，它会悠闲地喝水，它甚至潇洒地随地拉屎，引来孩子们一片抗议声。但“五一”我行我素，直播它的真性情，孩子们依然每次都会围观，直到老师进行必要的“驱赶”。

为了让“五一”生活得更快乐，孩子们建议把它搬到法布尔生态园里的“雁鸣小筑”。那里，有它的同类，还有很多的邻居。那里的空气更加清新，那里的风摇曳着树，还有虫子的鸣叫声……

“五一”在“法布尔”的生活会不会顺心呢？放心，好多孩子会继续记录它的生活，陪伴它的成长。因为这个小精灵不仅住在了“法布尔”，更住到了孩子们的心里，让他们体验到了生命的绵延、生命的顽强和生命的精彩。

**活动并没有简单地戛然而止，延续效应仍在发酵。争取活动效果最大化，释放活动全部能量，实为教育典型之例。**

## “人可”说

生命的诞生，可以说是奇迹。然而，教育却没有奇迹。教育是在生命的循环中真实发生的。

可以说，真实是教育的生命，事实是教育的见证，踏实是教育的本真。

生命的起源，不仅探讨出生，也探讨成长；不仅探讨内因，也探讨外因。这样的探讨，对学生来说可谓新鲜，但对教育而言就是打开一扇“窗”。

从生命的起源着手，让教育的元素激发，让学生的兴趣激荡，让生命与教育孕育一场认知“怀胎”是极有意义的。

能起“蓬头”的教育，多半会在学生心中激起“涟漪”，引起“连锁反应”，引出超常效果。

教育就是寻找有“蓬头”效应的课程内容的过程，“一石激起千层浪”。

本活动从开始至结束，生成了许多育人情景，达成了诸多育人故事。“蓬头”的选择至关重要。

# 第四篇

# 自主有成

自主，是生命个体的本质属性。每个人从出生起，就进入了自主的循环，这种循环是生命体征得以延续的基本条件。

自主，也是个人行为方式的关键模式。每个人在处世中，言行都是出自个人意愿的，只是这种言行放到社会是非层面和道德层面会有不同的判断。

自主，成为成长中的一个重要元素，获得教育者的青睐。自己的事情自己做主，自己的事务自己管理。自主，是有主见的自理，是具主动的自立。自主是人格成熟的标记，是成长见世的标配。自主的教育，一定是尊重学生主体地位的；育人的自主，一定是尊重学生成长逻辑的。

自主的发现，既是自觉意识的点化，也是自醒觉悟的内化，更是自在境界的深化。

自主的程度，与认知有关，与认同有缘，与认可有情。

自主有成，就是通过自主的确立，形成独立思想、独立判断、独立承担，在思想上更坚定，在行为上更有方向。

发现 21

# “小蜜蜂”为何受到特别青睐

## 具象的教育演绎激发联想

用形象串起学生心中美好愿望，象征教育崇高寓意，体现学校文化价值。

有精当的形象是情怀，挖掘形象内涵、用足形象的寓意是格局。

洪庙小学以“志者竟成”为校训，以“小蜜蜂”为形象，更希望每一个孩子都能如同蜜蜂一般，辛勤采蜜，并且朝着甜蜜的梦飞翔。

最初，“小蜜蜂”仅仅是一个简单的logo，但我们希望通过“小蜜蜂”形象设计，引导孩子们挖掘蜜蜂特质，赋予小蜜蜂灵性。于是，孩子们开始着手设计“小蜜蜂”形象。

“小蜜蜂”是勤劳的昆虫，辛勤地采集花蜜，为人们带来甜蜜与幸福，因此，孩子们设计“手捧书本认真学习的小蜜蜂”，体现的是小蜜蜂勤劳的特质；“小蜜蜂”是懂规则的昆虫，它总是以“8”字形飞行，很有规则意识，因此，孩子们设计“排着队伍的小蜜蜂”，体现的是小蜜蜂懂规则的特质……更发现，不少学生给“小蜜蜂”戴上了领巾。

不仅如此，学生画笔下的“小蜜蜂”还带上了“性别”属性，男女生对“小蜜蜂”服装的设计也与性别有关，孩子们将心目中好朋友的形象通过设计进行表达。我们尊重孩子的意愿，自此，学校的每一个角落，都出现了“小蜜蜂”的身影，戴着红领巾的“小蜜蜂”哥哥叫“红红”，“小蜜蜂”妹妹叫“苗苗”。孩子们说“小蜜蜂”的名字既亲昵有趣，也是“洪庙”一词的谐音，多有意思！

**好的形象深得学生喜爱，并且为学生创造了极大的想象空间。**

孩子们学习“小蜜蜂”身上的品质，渐渐孩子们也成为校园中的“小蜜蜂”。清晨，孩子们早早地来到学校，用自主早读开启一天的学习生活，他们的认真与勤奋如同蜜蜂一般；课堂上，孩子们小组合作、积极参与课程互动，每一间教室仿佛一个蜂巢，是孩子们团结快乐和成长

的温馨家园；课间，孩子们文明游戏、遵守秩序，他们如同蜜蜂一般懂规则、会合作……

洪庙小学的校园中，处处是“小蜜蜂”的身影。图书馆前，有捧着书本专心读书的“小蜜蜂”；音乐室外有放声高歌的“小蜜蜂”；“小蜜蜂”班牌、“小蜜蜂”窗帘、“小蜜蜂”玩偶随处可见；更有明礼、勤奋、自主的学生“小蜜蜂”在校园中快乐成长。“小蜜蜂”飞遍了洪庙小学的每一个角落，他们传递着礼仪文明、勤学善思、健康质朴的精神品质，向大家诉说着“志者竟成”的校训文化精神。

“小蜜蜂”文化已经深入每一个孩子、每一位家长、每一位教师的内心，他不仅仅是校园的形象代言，也不只是孩子们的朋友，他更让我们的孩子在学习“小蜜蜂”精神品质的过程中，化身成了洪小大花园里的“小蜜蜂”，朝着甜蜜的梦飞翔!

**形象拟人化，学生形象化，教育找到了“归处”。**

## “人可”说

拟人，是语文的一种修辞手法，是借用某一种形象表示人们向往的意思，并展开联想和演绎。

教育，需要真实，也需要演绎，在真实中演绎。自然界的万物都是有生灵的，一种动物可能特别蕴含一种可以让教育产生情节的东西，有所对应，有所提示，有所生发。

而对小学生来说，拟人化的教育演绎，也许更有直观的形象、直接的视觉、直达的快意、直入的心绪。

学校对“小蜜蜂”的选择，也是渗透了教育的寻思。将“小蜜蜂”身上的特点，转化为育人中的亮点，正是形象教育的恰到好处。

形象拟人化，学生形象化。在形象中，学生看到了自己。

教育杜绝说教，教育摒弃枯燥。让形象入心、与学生交朋友；让形象为教育代言；让形象说出学生心里的话。

成功的教育，其成功之处在于使学生想要；善于“迂回抵进”学生内心，让学生心悦诚服。

# 我们为校园“气象站”命名

## 命名，打开思索之“门”

自主管理、自主教育，需要提供一定的载体进行，赋予适当的活动内容开展。

学生的事，让学生做主，行使小主人的权利。命名是手段，目的是在实际操作中增强民主和权利意识。

学校正在筹备建设“气象站”，而“气象站”还没有合适的名称。学校决定将“气象站”的命名权赋予学生，让学生用行动行使小主人的“神圣”权利。

这一决定一出，孩子们不仅在课间和小伙伴们一起商量讨论，还纷纷把学习单拿回家，动员爸爸妈妈也加入取名活动中来。有的孩子从“有志者事竟成”的校训精神入手，给它取名为“竟成气象站”；有的孩子希望学校能够越来越好，成为搏击长空的雄鹰，给它取名为“搏击气象站”；有的孩子关注到了少先队文化，给它取名为“雏鹰气象站”……他们各抒己见，虽然想法天马行空，但理由都非常充分。因为这是他们每天学习生活的校园，他们早已认同了自己就是学校的重要一分子，他们也早就把自己当成了学校的小主人。

我为气象站起个名

班级：四(2)　姓名：

各位小朋友，我们学校将迎来首个气象站啦！是不是超cool啊！你觉得我们的气象站可以叫什么名字呢？它牌子的形状是什么样的呢？请你为它设计个铭牌吧！（用上你手中美丽的彩笔，把它画下来吧！）

小太阳气象站

名字的意义是什么？（写一写）

小太阳气象站。因为太阳代表着晴朗，是气象预报的一种常见天气。洪庙小学小太阳气象站既直接表

校园内的小朋友们如初升的太阳一般朝气蓬勃，积极向上。

**孩子们对于自己的事，是出于内心的重视的，其丰富的想象力令人咋舌。**

我们认为，既然这是孩子们的“气象站”，既然孩子们已经拥有了命名权，就应该赋予孩子们更大的参与权。于是，我们鼓励每个孩子参与“气象站”logo设计，希望给予他们公平公正的竞争和投票权利。此次活动共收到500多张设计稿，占全校学生的83%。看到这样高的比例，联想到郊区孩子们平时害羞腼腆的样子，我们不禁觉得很是欣慰。

为了将最终的决定权交到孩子手中，我们决定以微信投票的形式，让每个孩子都能根据自己的想法进行投票。经过两个星期的角逐，最终，“小蜜蜂”再次进入大家的视野，它以362票的绝对优势，荣登榜首，设计者

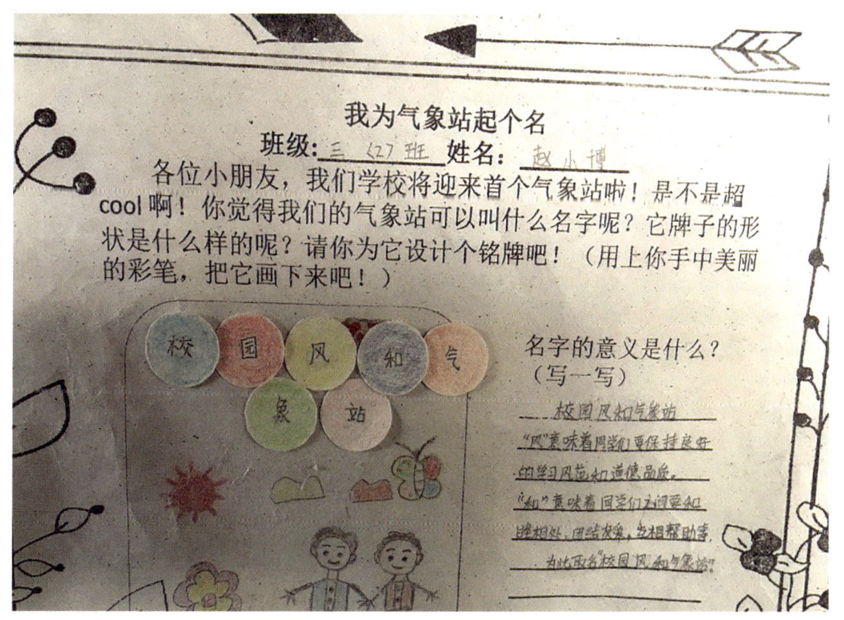

我为气象站起个名

班级：三（2）班 姓名：赵小博

各位小朋友，我们学校将迎来首个气象站啦！是不是超cool啊！你觉得我们的气象站可以叫什么名字呢？它牌子的形状是什么样的呢？请你为它设计个铭牌吧！（用上你手中美丽的彩笔，把它画下来吧！）

名字的意义是什么？（写一写）

校园风和气象站

“风”意味着同学们要保持良好的学习风范和道德品质。

“和”意味着同学们之间要和睦相处，团结友爱，互相帮助。

为此取名“校园风和气象站”。

徐马可同学也因此获得了“小小设计师”的称号。

设置民主程序，对学生来说，也是一次学会民主的机会。

“气象站”的建立，是一次引导学生行使权利的过程。我们把权利交给孩子，让他们参与学校的发展，决定校园的建设，增加了他们对洪小的认同和喜爱，收获了“主人翁”的成长。

## “人可”说

教育，重在引导，但不是包办代替。引导，是抛砖引玉，是提供条件，是鼓励成长，而不是一包到底，一办至极，一代无边，替之没完。

教育，是一种传输，但不是一种束缚。传输，是提供通道，是给予线索，是激发动力，而不是束之高阁，缚之脖子。

教育，最终效应是在学生的自觉、自醒、自悟上。为气象站命名，其实正是引导的时机、传输的载体、自觉的点拨、自醒的点化、自悟的点燃。命名的过程，生发了许多值得教育思考的东西，也许这就是教育的点。

有一种教育叫“放手”。相信学生，相信学生的智慧、能量、心志和决心。学生的想象力远比大人强，这是他们的年龄优势。学生没有思维定式。

教育的顽症是包办，把现成的东西塞给学生，这是教育大忌。

做中学，过程中成长，让学生当“校”做主，成为学校的小主人。

发现

23

# 少先队活动兴起“小家务”

## 家务，也是生活的学问

“小家务”，形象的譬喻。有了“小家务”概念，少先队的事就不再是小朋友的“分外事”，而是“自家事”了。

可见，起好恰当的活动名称是多么重要。

洪庙小学也有适合少先队小朋友的“小家务”啦！这不，“小蜜蜂广播”就是小朋友喜爱的“小家务”之一。他们把这个“小家务”安排得有模有样，打理得井井有条，俨然成为这里的小主人。

“关心时事动态，网罗校园新闻！”每周三中午的“小蜜蜂广播”如期开播啦！这可是校园中最热门的活动之一，校园点歌台、幽默一刻、有奖竞答、校园“贤”事……创新栏目层出不穷，吊足了小听众的胃口。

别看这个广播只有十五分钟，小主播们可花了不少心思哦！

为了丰富播音内容，更接近小朋友的生活，他们上网收集新闻；为了让小伙伴们都能听得懂，还要用自己的语言对新闻内容的撰写进行“再创造”。有的时候为了一则新闻的播报准确达意，要修改上好几稿呢！他们还要到“小蜜蜂”信箱中回收信件，并选取幸运观众实现他们点歌的愿望。

**“家务”事，就得认真做。“小家务”的“化学反应”正在起效。**

为了达到更好的播音效果，小

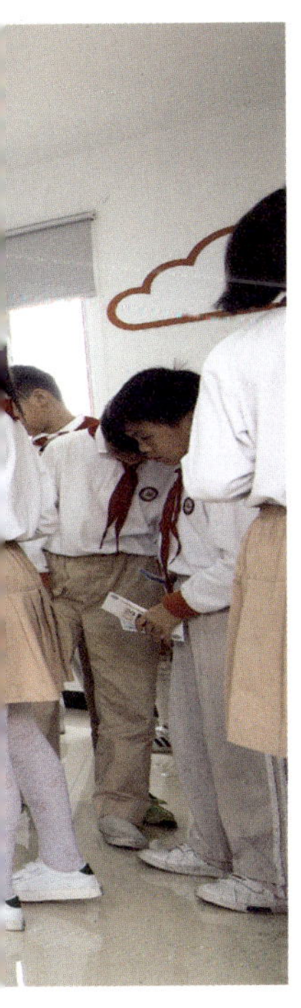

主播们总要反复练习相关技能。课间，他们放弃休息，熟悉播音稿的内容；回家路上，他们大声朗读，推敲每个字的读音；就连周末，也纷纷来到学校，提前彩排，做到万无一失。

为了能更好地吸引小朋友，创新播音的内容，小主播们用心观察，用解决问题的思路不断调整与优化。晓雅是小蜜蜂广播台的台长，每周，她都要召集小主播们开会讨论下周的素材；对大家提出的问题及时向负责老师反馈，找到解决的方法。通过两年的锻炼，她的组织协调能力得到了显著的提升，指挥大家干起活来有模有样。她发现班级同学过生日了，其他同学都会送上生日的祝福，可知道老师生日的同学却少之又少。于是，她提出增设“生日祝福”栏目，写出对老师、同学的祝福语；她发现校园“贤”事栏目只有个别同学投稿，便设立小小记者站，号召同学用发现的眼光去观察、收集最“新鲜”的新闻素材；她发现同学们参与广播的兴致不高，就开设了有奖竞猜、“为最喜欢的栏目”打分互动环节，还邀请嘉宾抽取幸运儿送上小礼物呢！她在自己的校园岗位上，学习磨炼，找到了身为学校“小主人”的无穷乐趣，也提高了自己各方面的能力。

**俨然有了“家庭主‘生’”的感觉。“小家务”的氛围充满校园，潜入学生心间。**

孩子们是校园中的小主人，“小蜜蜂广播”就是为孩子们搭建的当家做主的平台。他们在岗位锻炼中学会表达、学会观察、学会协作、学会负责，培养了自主的能力。

“小主播”只是学校众多“小家务”中的一个。为了提高孩子们的自主能力，在学校层面，还有国旗小卫士、礼仪督察队、超市营业员、卫生督察员等“小家务”岗位；在中队层面，有五项小家务：值日小岗位、图书管理员、小花匠、节能小卫士、礼仪小达人。自己班级的岗位自己参与、自己管理，这样的模式提高了孩子们的主人翁意识，让每一个孩子都有机会成为校园中的主人。少先队“小家务”，在帮助学生建立自主管理、自主运行、自主创新的意识方面，发挥着越来越大的作用。

## “人可”说

认知和主动，始终是育人过程中两个有意义的话题。

学生的成长，是在认知提升中完成的，也就是说有了正确的认知，有了正确的思维，就能在行动上产生正向的效应。认知不正确，行为一定犯错；认知有偏颇，行为一定有风险；认知不周到，行为一定忙乱。帮助学生对事务的正确认知，是教育中的要点。

学生的快速成长，与主动意识的增强有着密切的关系。主动，就会打开心扉，去拥抱世界；主动，就会开发潜能，去绽放成长；主动，就会体验实践，去尝试新举。

“小家务”的兴起，不是简单的岗位设置，也不是单纯的上岗玩耍，而是提供认知的对象、创造主动的环境。

教育要能使学生有兴趣、有目标、有奔头。教育要有提振学生精神、引导学生奋进向上的格局。教育要让学生有事可做、能做好事、能做得出彩的心胸。

做自己喜欢的事，一定能够做好。关键是要让学生有主人的感觉，有成就的体验。

# 学生喜欢上“积分卡”啦

**积分卡姓“啥”**

教育的每一项创意活动，都联系着学校的育人目标，都关乎着学生健康成长。

紧贴实际，联系生活，变通方法，连锁反应，应该是教育创意的要义。

10积分
奉贤区洪庙小学
10积分
奉贤区洪庙小学
20积分
奉贤区洪庙小学
20积分
奉贤区洪庙小学
50积分
奉贤区洪庙小学
50积分
奉贤区洪庙小学
100积分
奉贤区洪庙小学
100积分
奉贤区洪庙小学

在洪庙小学，每个小朋友手里都有一本“小蜜蜂护照”，小朋友可以通过学习、劳动、行规等方面的优异表现获得奖章。学校根据护照上的奖章数量给孩子颁发奖状和奖品。如何给孩子们自由选择的空间，让他们自主选择奖品呢？我们想到设计积分卡，将护照上的奖章转化为看得见、摸得着的物化激励的东西。

这样一来，校园仿佛成了一个“小社会”，孩子们认真坚守好自己的小岗位，得到“工资”；积极参加各类校内外比赛或活动，得到“奖金”……为了比一比谁的积分卡多，孩子们在校园内认真表现，你追我赶，形成了良好的竞争氛围。学校还出台了奖励机制，对奖励金额做了详细的说明，孩子们积极向上的劲头就更足了。表现突出的孩子赢得了很多积分卡奖励，他们成了班级里的“千元户”，还被选入“洪小福布斯榜”了呢！

经常有孩子们三五成群地围在一起，除了比一比谁更“富有”外，还津津有味地讨论着如何使用积分卡。学校为满足孩子们的需求，为他们创设了多渠道的积分卡使用途径。

**把奖励“积分化”，以定性转化为量化，并且能够“变现”，调动的是小朋友的积极性，反映的是学校教育观念的与时俱进。**

孩子们拿着积分卡兑换奖励，他们来到“小蜜蜂”超市，在琳琅满目的商品中，购买自己喜欢的商品，送给自己，或送给家人，或送给老师，或送给朋友，他们用自己赚来的积分卡，学会感恩身边的人。孩子们利用积分卡实现自己的愿望，他们来到教师食堂，与校长、老师共进午餐；他们来到学校“法布尔”，与小兔子亲密接触，一同散步；他们来到班级，和最好的朋友做“一天同桌”，和最喜欢的老师拍张合照；他们来到德育处，换取学校活动的入场券，他们自由地支配着积分卡，取悦了自己，享受到了自由的快乐；孩子们用积分卡作为押金，为他人或自己借“爱心雨伞”，互帮互助，交到了好朋友，懂得了友情的珍贵。

随着学校的发展，积分卡的使用方式正在被不断地延伸。游园会上，孩子们拿着积分卡参与游戏，购买物品；读书节上，孩子们积极闯关，来获得积分卡。学校还将继续扩宽积分卡的使用形式，将其融入孩子校园生活的方方面面，发挥其更大的激励作用。

**“积分卡”的使用，满足了孩子们“自主经济”意识的愿望，培养了孩子们劳动光荣和劳动所得的观念。**

## “人可”说

教育的本义和引申义，是教育工作者值得关注的。教育的本义，是让我们懂得所有的活动和采用的方式，要有教育的意义，与教育宗旨和育人目的相吻合。越接近教育本义的，就越有教育的价值。

同时，教育要学会演绎，也就有了引申的必要，要将教育的元素尽量散发开来，产生更多的教育能量。

“积分卡”的产生，其实是教育本义的体现和教育引申义的运用。

育人与日常生活手段“串联”，教育与学生成长“并联”，是学校在培养目标与学生管理上的理念创新与技术突破。

把货币概念引入教育，以“积分卡”具有货币相关属性的磁力吸引学生，以“积分卡”具有奖励的属性的魅力鼓励学生。

“一石多鸟”，学校把教育真谛烂熟于心。

发现 25

# “庙”不可言的校园“大庙会”

## 别让孩子的节日难“过”

孩子的节日自己过，孩子的节日像“孩子”。让节日成为童趣的“上演”日、向往的憧憬日、玩乐的集散地。

于是，学校找到了“庙会”的“窗口”。

要说孩子们最喜欢的节日，那非六一儿童节莫属，这可是孩子们的集体狂欢日。又是一年六一时，今年的六一活动该如何设计？如何能让孩子们玩得开心、玩得有意义呢？

通过调研，我们发现孩子们最喜欢的活动形式是走班闯关玩游戏、与伙伴一同分享美食等。这好像跟我们儿时的庙会有点类似。犹记得小时候最期待的事，便是每年镇上举办的庙会了，冰糖葫芦、套瓷娃娃、看杂技表演……何不办一场校园大庙会？既能满足孩子们的想法，又能让孩子们体验父母小时候的有趣经历，还能让孩子们感悟中华优秀民俗文化。

说干就干。“今年六一节，我们要为孩子们举办一场大庙会，每班设置一个摊位，每个摊位由三大板块组成，即才艺展示、民俗游戏和义卖物品，其中义卖物品又分为传统点心和民间工艺，把咱们小时候庙会上看到的有趣的、好玩的统统搬进来！”德育主任的话音刚落，班主任们就热闹起来。“捏泥人，捏糖人，这些好玩，孩子们肯定喜欢！”“套圈圈不能少，这可是庙会必玩项目。”“我小时候最爱看变脸，现在孩子们看不到这些。”……庙会激起了教师们的热情。

**校园“庙会”，移花接木；孩子乐园，寄情寓乐。一个“庙”字，连着“洪庙”与“美妙”，透出深意。**

问题又来了，如若各班级摊位上的内容重复性大，那庙会的可“逛”性就不强了，对孩子们的吸引力也会减弱。为了确保庙会质量，作为“招商引资部门”的德育处做出严格规定：每个摊位所呈现的内容必须是不一样的。

要呈现与众不同的摊位内容，这可不容易。为了抢占市场份额，开一家有特色、有内容、有文化、有趣味的庙会小店，班主任们第一时间召开“庙会商议大会”，和孩子们商议本班庙会小店经营内容。当天的班主任群，信息不断刷屏，大家争先恐后将自己班级的小店经营内容率先上报。一（4）班原本想报夹豆子游戏，由于被二（1）班先报掉了，孩子们只好绞尽脑汁继续思考，最终改成了投壶，在现场活动中也颇受孩子们的欢迎。

店面招牌板报设计、店铺"装修"、物资准备、店员分配、规则制定……经过足足两周的准备，"'庙'不可言——校园大庙会"开张啦！孩子们拿着积分卡，穿梭在操场上的店铺间。孩子们可都是有备而来，做好了玩转庙会的攻略，积分卡不够怎么办？先去每个小店玩传统游戏，套圈、投壶、飞镖、投篮……游戏胜利则获得积分卡奖励，孩子们各显身手，快乐无限。平日里的小富翁们，这天可得意了，他们趁着其他同伴玩游戏赚积分卡的时间，早就欢快地逛起街来了，豆腐花、五香豆、天津小麻花、迷你一口粽……孩子们买美食、品美食，了解中华美食文化。京剧脸谱现场制作、工艺书签、驱蚊香包、石头记……琳琅满目的商品，让孩子们看得目不暇接。葫芦丝、民族舞、武术、快板、沪剧，各个摊位的表演小达人，各展才艺，好不热闹。

叫卖的、包装的、称重的、收账的、维持秩序的……留守在店铺中的孩子岗位清晰、分工明确，他们忙碌而欣喜。逛庙会的"小客人们"也都是逛街高手，货比三家、讨价还价、与同伴一同采购，参与买三送一等店铺活动，想尽办法用好手中的积

分卡，获得利益最大化。整场活动进行一小时后，每个班级的“客人”和“营业员”身份互换，庙会不仅是一场校园大狂欢，也是一次职业体验活动，更是一次学习传统民俗文化的大课堂。

**人人都置身其中，个个都参与角色，这个六一儿童节过得有意义。**

校园六一大庙会，是属于孩子们的狂欢日，品尝传统民间美食、参与传统趣味游戏、领略民间手工艺魅力，孩子们在欢乐中展示了自己的智慧和才能，释放了自己的快乐。这个六一，孩子们在“洪庙”这个大庙会中，游园不“止”，欢声不“停”。下一年的六一节，我们又会出什么“庙”招呢？敬请期待吧！

## “人可”说

教育，要尊重学生，尊重学生的主体地位，尊重学生的成长需求，尊重学生的兴趣爱好。

尊重,是教育本质的体现,也是教育品质的表现,更是教育优质的再现。

尊重，让我们理解学生，让我们理解教育，让我们理解教育中的学生。

六一儿童节，是学生的节日，就应当将儿童节“过节”的权利还给学生，而不是让学生成为“表演者”，为大人送上节目。

过节快乐，是学生原本的，不是什么人恩赐的；是学生本来的，不是什么人给予的；是学生就有的，不是什么人求来的。因此，怎么过法，当以学生的意愿为准，教育工作者可出点主意，让学生高兴点。

教育需要设计，更需创意。不落窠臼的活动，给到学生意外的惊喜。

教育需要惊喜，因为惊喜能唤起学生沉睡的兴奋，以极大的热情投入其中。

一组好的活动，胜过一打精心准备的说辞。学校再好的用意，不如给学生提供“宣泄”的平台。

发现
26

# 少先队干部的海选、初选、决选

## 要把选举当回事

少先队干部当然得由少先队员自己选举。但如何选，采取怎样的形式，达到什么效果，这是值得探讨的。

让我们从该文中寻找答案。

少先队的干部，少先队员选。为了落实好这项内容，我们做了三件事：海选、初选和决选。

9月18日是班级海选的日子。班会课上，竞选场面异常火爆，差不多一半的孩子参与竞选，连平时成绩平平的孩子都勇敢地迈出了第一步：浩浩是学校舞龙队的一员，但学习成绩平平，他走上讲台讲述了自己刻苦训练的故事，希望同学们能投他一票；晓亮性格内向，不善于表达，他也自告奋勇走上讲台，表示也想有这样一次参选的机会……在全班每个同学的举手表决下，产生五名班级大队委候选人。

**海选的广泛参与，是选举质量的保证。声势、气势、人势，尽在海选中。**

一个星期后，班级候选人精心制作的竞选海报被张贴在校园板面上，海报上既有自我介绍、获得荣誉，又有自己的照片。有的候选人为了让其他人记住，做成了电子小报，有的甚至做成了一张大海报，格外醒目。各中队民主推选出5名少代会成员，每个人都有5张贴纸，他们利用中午时间，来到海报前，去了解各位候选人，并投出他们神圣的选票，票数多的同学就成为大队委正式候选人。

两个星期后，决选的日子到了！少代会代表，挂着代表证，走入报告厅；11 名学生轮番上阵。竞选内容分为两部分：才艺展示和一分钟演讲。以往的改选中，我们只是单纯地进行候选人间的才艺 PK，但这并不能检验他们的社交能力！于是，才艺展示由原先的“单枪匹马”转变为“并肩作战”。候选人邀请家长、同学参与，锻炼他们的组织能力及号召力。第一轮才艺展示，晓唯邀请三名同伴表演了快板、君君邀请架子鼓老师表演了架子鼓、阿阳邀请妈妈演唱歌曲……展示内容精彩纷呈，让人看了眼花缭乱。第二轮个人演说，候选人晓琳郑重其事地站在台上，“如果我当选大队委员，一定会做好大队部交代的事情，尽自己所能，争取为大家服务。”短短的文字中展现了他们的责任意识和服务意识，我们高兴的是，孩子们

已经有了这样的意识：干部不是来享福的，而是来服务的；能吃苦、乐奉献、不计较的人，才能成为少先队的干部。

**上台亮相、才艺表演、竞选演说，尽显孩子们的才思；而服务意识的觉醒，才是亮点。**

为了让改选更民主，同时让学生履行应有的选举权，各关卡都由代表把关投票。他们对候选人进行综合评定后，选出自己心目中值得信任的大队委员。

这种形式的大队委改选，培养了洪小学生的民主意识、参与意识和竞争意识，对候选人来说是一种历练、一份收获、一次成长！

## “人可”说

选举，是实施民主的一种方式，也是实施教育的一种途径。

选举，让学生懂得正当权利的行使，产生主人的意识；让学生学会判断选择，具有取舍的能力；让学生明白尊重选举结果的道理，具有冷静接受结局的头脑。

选举的过程，是一个了解选举权利和义务的过程，有选举和被选举的权利，有自我表达和听取他人陈述的权利，有表示赞同和保留、弃权的权利。

选举的过程，也是一个教育的过程，学会尊重自己和尊重他人，学会倾诉和倾听，学会肯定和宽容，学会自我判断和尊重集体的结果。

少先队，是学生自己的组织，应当让学生自己做主。

作为教育工作者，可千万别低估孩子们的能耐。若给孩子一分自主，他能给出几分回报。

现在的孩子，自主意识正在增强。大人的事，在孩子们那里，做起来也像模像样。引导、信任与放手，是成功的关键。

日常的育人与教学，又何尝不是这样呢？

发现
27

附件：

洪庙小学少先队第十八次代表大会
提案推荐表

代表姓名 张智轩 性别 男 年龄 11 民族 汉 所在区 奉贤区
学校年级/单位 四(3)班 联系方式 13321901358

| | |
|---|---|
| 提案题目 | 实行午餐积分制管理 |
| 提案主题/类别 | 1、少年儿童成长发展<br>①学习生活□ ②身心健康□ ③文化产品□ ④场所建设□ ⑤权益维护□<br>2、少先队组织自身建设<br>①制度创新□ ②组织创新□ ③活动创新□ ④评价激励☑<br>3、社会治理和城市发展<br>①城市文明□ ②文化服务□ ③公共安全□ ④科技创新□<br>⑤生态环保□ ⑥合作交流□ |
| 提案关键词 | 不吃蔬菜，积分制管理 |
| 提出缘由 | 有人吃饭时总不吃蔬菜，倒剩饭的桶总是装得很满。 |
| 主要内容 | 蔬菜中含有维生素，如果同学们不吃蔬菜，就会造成免疫力下降，很容易生病。 |
| 意见建议 | 我建议实行午餐积分制管理，给予吃光盘的小朋友的班级积分。 |

备注：请于9月29日前交至大队部。

# “金点子征集”收获了智慧

## 出“点子”不是专利

传统的教育是教师出点子，学生享用点子带来的好处。以全面发展为育人理念的教育是让学生给学校出点子。这一“反差”，反映了学校教育观念和育人思路的改变。

每年，学校的“金点子征集令”活动都会如期举行，征集金点子的目的，是集全校学生的智慧为学校发展建言献策。金点子的内容有给学校的、实验室的、少先队的、班级的，也有给同学的、父母的。

更重要的是，有了金点子征集活动，学生学会了关心学校、关心自己、关心他人和关心未来。“金点子征集令”活动的作用与意义可大着呢。

在此次“金点子征集令”活动中，有的孩子发现学校的小花园用围栏围着，他们只能在外围观看，却不能随意进入玩耍；有的孩子发现同学们不爱吃蔬菜，每天的剩饭桶都被装得满满当当的；有的孩子发现那些父母忙于工作，放学自己回家的孩子一遇到下雨天就发愁了，没有雨伞，只能在雨中“漫步”；有的孩子发现“法布尔”中的小动物经常打架，鸡总是被鹅压在地上欺负……

学校是我们的大家庭，每个人都是平等的，都有表达想法的权利，学校给每个孩子提供了自由发挥的空间，在查看他们“金点子”的过程中，召集少代会成员、教师代表，从实际出发，进行综合考量，采纳合理可行的学生“金点子”。

**给学生一束光，他就能发现学校角落里的尴尬；给学生一倡议，他就能思索并形成“金不换”的点子。**

经过金点子的评选与采纳，现在孩子们再也不用担心不能进入小花园了，小花园由学生干部管理，来这里成了孩子们快速完成作业的动力。午间，小花园里热闹非凡，孩子们在滑滑梯、木桩、荡秋千处有序排队，大家谈论着最爱玩的游乐设施，欢笑声在花园上空回荡着。下雨天，孩子们再也不用担心没带雨伞了，在学校门口可以看到一个爱心雨伞架，这些五彩的雨伞是专门订制的，上面还印有洪庙小学的 logo 呢！孩子们只要上交 100 元积分卡押金，做好班级、姓名的登记，就可以免费借用爱心雨伞了。爱附件：

洪庙小学少先队第十八次代表大会
提案推荐表

代表姓名 费小苹　性别 女　年龄 11　民族 汉族　所在区 上海市奉贤区

学校年级/单位 五年级　联系方式 18017885275

| 提案题目 | 开放小花园 |
|---|---|
| 提案主题/类别 | 1、少年儿童成长发展<br>①学习生活□ ②身心健康□ ③文化产品□ ④场所建设☑ ⑤权益维护□<br>2、少先队组织自身建设<br>①制度创新□ ②组织创新□ ③活动创新□ ④评价激励□<br>3、社会治理和城市发展<br>①城市文明□ ②文化服务□ ③公共安全□ ④科技创新□<br>⑤生态环保□ ⑥合作交流□ |
| 提案关键词 | 花园封闭　开放 |
| 提出缘由 | 小花园里有许多好玩的，但封闭着，同学们不能进去玩。 |
| 主要内容 | 一个同学因为某件事而伤心，开放小……放松一下，还有我们五年级的同学……玩几次。 |
| 意见建议 | 因小花园外围着线，不让同学……玩的地方又少了一处，所以…… |

备注：请于9月29日前交至大队部。

附件：

洪庙小学少先队第十八次代表大会
提案推荐表

代表姓名 张家慧　性别 女　年龄 12　民族 汉　所在区 上海奉贤

学校年级/单位 五年级　联系方式 18202122287

| 提案题目 | 《租借爱心雨伞》 |
|---|---|
| 提案主题/类别 | 1、少年儿童成长发展<br>①学习生活☑ ②身心健康□ ③文化产品□ ④场所建设□ ⑤权益维护□<br>2、少先队组织自身建设<br>①制度创新□ ②组织创新□ ③活动创新□ ④评价激励□<br>3、社会治理和城市发展<br>①城市文明□ ②文化服务□ ③公共安全□ ④科技创新□<br>⑤生态环保□ ⑥合作交流□ |
| 提案关键词 | 下雨天　爱心雨伞 |
| 提出缘由 | 在雨天，会有同学回家没有带伞而被淋湿。 |
| 主要内容 | 有的时候，白天虽然万里晴空，但一到下午便阴云密布，因此就有很多同学在放学时没有带雨伞，有的同学和顺路的同学凑合地挤在一起打一把伞，不顺路的只能顶着倾盆大雨一个劲儿地冲回家，一回到家裤子衣服全湿了，还容易感冒发烧。 |
| 意见建议 | 我希望学校能在门口放置爱心雨伞，如果有同学需要，就在租借单上写好名字并付好相应校币。这样就不会有同学因为雨天没带伞而发愁了。 |

备注：请于9月29日前交至大队部。

心雨伞下，三五成群的孩子挤在一起，互帮互助，嬉笑前行，爱心雨伞成了孩子们避风的港湾，给他们带去了温暖、带去了快乐！食堂里，值周班队员站立在剩饭桶边，对不浪费粮食的同学点赞加分，“你真棒”“蔬菜也要多吃点”的温馨话语成了值周班队员的口头禅。食堂剩饭桶里的剩饭量也在不经意间减少……

孩子们通过发现金点子，不仅有了一双善于发现的眼睛，更愿意动脑子，更愿意帮助人，帮助周围的同伴。

**金点子变成了“金现实”。这切切实实的“为‘生’实事”，衬托出学生心底的宽大和成事的能力。**

## “人可”说

教育，是双向的。教育者和被教育者，虽然角色不同，但都是在教育共同的舞台上。没有教育者的智慧和清醒，就很难有被教育者的聪智和觉醒，而没有被教育者的领悟，教育者的功能也会减弱。

让学生出“金点子”，不是开“点子公司”，而是让学生走到教育的前台，由被动转为主动，由被人搀扶变成自己学会走路。

让学生出“金点子”，也不是简单地评判优劣，而是让学生在关心自己的同时关心集体，由利己变成利他。

教育是发动和参与，只有少数人的参与不是教育的全部。教育是面向学生的事业，尊重学生，以生为本，是对教育规律的敬畏。

从小学生的视角看问题，是教师想不到的层面。改善学校管理的金点子，兴许学生出的要比教师出的实在。

# 第五篇

# 历练无边

历练，是对成功的告白，也是对成型的锻造，更是对心智的完善。

历练的长度，与生命本体的延续有关，也与认知生命价值的程度相关。历练的宽度，与眼界视野有关，也与内心追求相关。历练的韧度，与意志毅力有关，与目标大小相关。

历练，是一块磨刀石，也是一块试金石，更是一块钻金石。

历练，是对成长的洗礼，也是对成长的激励，更是对成长的奠基。

锻铁成钢，愈炼愈纯。学生历练，久练成熟。成长要经实践的淬砺，成人要经风雨的洗礼。向生活要真知，向实践要智慧，向社会要认识，向学习要深度。人的一生都在历练，但修炼的功夫全凭心诚意淳。

无边，正是历练的驰骋大地，也是无穷乐趣的泼洒空间。

历练，能帮助发现未曾经历过的东西，能引导发现走向未来的道路，能获得发现具备的品质。而无边就是一个“培训远方”。

历练，是发现的左右手，也是发现的探寻器，更是发现的助产婆。

发现
28

# “研学之旅”的成长

## 研学在于“发现”

研学，是社会实践的形式之一。结合现实，走向社会，关注热点，形成观点，是这次研学的特点。让研究的“初露”滴入孩子的心头，让观察的习惯融入学生的思维。

2019年7月25日，洪庙小学"小蜜蜂"研学团队一行15人，在谢萍老师带领下，踏上了奔赴南京三天两夜的研学之旅。研学队伍分成4个小队。

"Discovery"小队以英文单词Discovery为名，寓意是用发现的眼光开启研学之旅。他们去了雨花台。参观结束后，他们决定以"探秘雨花台"为主题开展探究。他们用思维导图来介绍"雨花台"：小辉同学擅长电脑操作，他负责上网查找资料；小静同学负责绘制思维导图，让大家对"雨花台"的构造、历史、革命意义等有了更深的了解；静怡同学擅长美术，由她负责课题报告的美化……在小组成员的通力合作下，一份精美的研究报告诞生了，报告里有他们共同研究得出的结论：雨花台和雨花石没有关系，但是每个人都知道了“雨花石”和“雨花台”的象征意义，这也是收获的一部分。

“竟成”小队由平时对建筑非常感兴趣的小朋友所组成，他们决定去中国近代建筑史上的第一陵——中山陵看看，去认识提出“天下为公”的那位伟人。“竟成”小队的小伙伴们被孙中山先生的博爱精神所感染，他们以“天下为公”为题，做了一份画册：第一页是模仿导览图制作的地图，地图上还有悦悦同学工工整整写下的有关中山陵地址的介绍；第二页是小月同学绘制的中山陵外观图，雄伟的建筑赫然纸上，中山陵的简介也有所呈现；第三页是喜欢肖像画的小王同学临摹的孙中山画像，画像栩栩如生，简介字迹娟秀工整；第四页是喜爱书法的晓慧同学书写的“天下为公”和“博爱”两幅字，似乎时刻提醒我们要以博爱之精神服务身边的人。

“小红星”小队的名字以“红”为基调，是为了表达队员们的赤子之心。他们小队想去“南京大屠杀纪念馆”，了解那段悲痛的屈辱历史。根据参观路线，“小红星”小队的成员制作了一份详细的导览图：小周同学以“哭泣的 1937 年”为主题，绘制了“展览集会区”的导览图，主题雕塑、标志牌、灾难之墙等图画跃然纸上，她还标记了箭头告诉游览者参观的路线；小雨同学别出心裁，绘制的“遗址悼念区”导览图上，加入了“万人坑”遗址、冥思厅等主要场所的介绍内容，方位清晰，内容简洁；婷婷小朋友在“和平公园区”导览图上标上了小序号，导览图的左上方还列出了每个序号对应的场所名称；“馆藏交流区”内区域明了，嘉嘉同学以俯瞰图的形式勾勒出了其间的布局，线条流畅，一目了然。

**掌握研学的方法固然重要，领悟研学的精神更为迫切。研学是思维活动的结果，集体合作智慧的结晶。**

“燃梦”小队的队友们很想知道总统府里住过谁，发生过什么，他们去了“总统府”，了解与总统府相关的那些著名的历史事件。他们决定制作一本“总统府”故事集，诗语同学以“总统府”内三件大事件为线索，讲述了太平天国定都、中华民国建立、南京解放的故事；俊豪同学对伟人孙中山产生了浓厚的兴趣，介绍了孙中山的几个小故事；其他同学负责故事集的美化、剪贴等工作。他们组从总统府内的故事入手进行探究，了解到了孙中山先生传奇的革命人生。

这是一次难忘的经历，一次成功的研学，更是一份面向社会实践的满意答卷。孩子们在实践中成长，给予成长以扎实的基础，人生也就有了不一样的风景。

## “人可”说

研学，是对历史事件的回放；研学，是对时空变迁的缩放。

研学，是学生内在学习潜力的释放；研学，是学生校内学习能力的检验。

研学，与一般的课堂学习不一样，它既有时空、历史、事件的“线索”，也有自学、互研、同议的“牵引”。

研学，作为学习地点的“位移”，更注重知识的迁移；作为学习方式的“变革”，更注重能力的“锻炼”；作为习得途径的“开放”，更注重多元媒介的“运用”。

探究性学习已成为小学教育的配置要求。结合旅行、社会考察，是研学的通常方式。

洪小的这次研学之旅，是做了充分准备的。

切入点是研学质量的关键，组织与措施是研学成功的保证，学生的合作互助是研学效果的前提。

发现
29

# 家乡，原来这么美

## 家乡，永不枯竭的教育资源

记住家乡，就是不忘来路；认识家乡美，就是爱国情怀的体现。

让孩子懂得这样一个基本道理：爱家乡是高尚的感情，爱国爱人民，首先要从爱家乡和爱家乡的人民做起。

暑假来了，学生都回到原籍的家了。

如何让学生回家有些意思、有些意义，这是一个问题。

学校有一个指导性的建议，要求每一位学生回家后，能够游一游家乡的名胜古迹、吃一吃家乡的地方美食、搜一搜家乡的历史名人，写一些回家后的感受。同时要求孩子们随时随地将家乡之行，通过照片和文字的方式进行记录，并及时传送给班主任老师。

暑假不到半个月，班主任老师就时不时地收到了来自各地孩子们的信息。

这些信息的内容非常丰富，有看头，同样有想头。

其中最多的是风光照片，都是孩子们家乡特有的风景：热闹的成都宽窄巷子、奇峻的安徽黄山、精巧别致的苏州各式园林，千灯古镇的灯，同里的水桥和退思园，还有那些不知名的家乡小河、小桥、小山，还有农家田舍，包括农家的灶头、柴仓等。图片里都有一个“我”，一个微笑和自豪的我。真正做到我在景中，景中有我。同学们都说：这一看，才发现家乡原来很美。

很美的还不止这些。许多的照片都是反映孩子们劳动场景的，比如与父母一起在农田劳动的，像插秧、割稻；与哥哥、姐姐一起起山芋的；与爷爷一起赶牛羊、喂猪、喂鸡鸭的；与父亲一起劈柴的；还有的是与同学一起游泳、摸鱼捉虾的，和母亲一起烧饭的，甚至一家人一起看夜场电影的……小小照片，映透着浓浓的家乡味和人情味，让人想见到孩子们家乡生活的多彩与乐趣。

**当流连在家乡美丽风光和朴实民风的时候，赞美的欲望喷薄而出，表现的手法油然而生。**

如果说上述孩子们的照片有些“随机”的成分，是记录式地呈现家乡风貌与亲情，那么，有一些照片可谓是“心机”和“心思”的“杰作”了，呈现的是一组照片，颇有连贯性。比如有个别同学成了家乡的小记者，拿着本子，采访起了家乡的名人，采访的过程里，先是站在被采访人家的场外，再是入门而坐，面对面交流，最后才是合影留念。还比如，介绍某个名胜时，一组照片里，配有文字说明，扼要介绍了名胜的特点，让没有亲历的读者也有亲历的感觉，非常精妙，吸引着我们有机会去看一看。

还有的同学发来的内容是一组文字配上一组照片，采用的是对比手法。比如电视机的变化，先是一部小电视机，黑白颜色；再是一部大电视机，是彩色的，彩色颜色重，自然色差；最后是更大的电视机，图片清晰、逼真，图片中主人公的形象非常具有生活气息，边上还摆放着遥控器，给人们留下了想象的空间。还有的同学是先说水再拍水的，先是一条河流，再是场外一口井，最后是家里自来水龙头的图片，分明是告诉我们孩子家乡取水用水的变化过程，从河边到井边再到屋里，水的名称在变化，水的质量也在变化，家乡生活在变好变美的主题思想也就十分明朗了。

**用心去发现，就会尝到不一般的家乡味道，呈现的手法就会不一而足。**

回家的感觉真好，回家乡过一个丰富有趣、长知识增见识的暑假更有意义。

## “人可”说

家乡，是出生地，是学生成长的地方，也是童年记忆的圣地。

家乡，是乡情的原地，是乡恋的方地，是乡土的园地。

家乡，绝对是一个能引发情感、引申意义、引起关注的“万花筒”。

每一个学生的家乡，就是一条线索、一个故事、一种情怀。线索生发教育的发生，故事引发教育的畅想，情怀引出教育的话题。

善用家乡资源，是一种情怀和教育的再生。

家乡，是割舍不去的眷恋，是梦乡沾襟的池塘。家乡观念要从小培养，家乡情节应及早涵养。

对于从小跟着父母来到上海的学生，学校的这一举措，体现的是对未来新公民综合素养的期望，对学生牢记优秀民族文化中故乡情怀的善意提醒。

发现 30

# 环保并不是一场“秀”

## 环保是另一种“生命”

如今，环保意识深入人心。环保从小学生抓起，已成为教育界的共识。

学校推出的环保活动，应符合学生年龄特点，结合学校实际，有层次、有节奏地展开。

2019 年 11 月，洪庙小学受邀来到上海市广播大厦，参加由上海市教委与科学家族工作室联合制作播出的青少年生态文明科普节目《青未来FM》。节目组倡导“用自然之光，照亮绿色未来”，这与我校的环保教育理念不谋而合。我校以“法布尔生态教育”为办学特色，希望孩子们在绿色的环境下成长，师生们对环保的重视程度，与学校开展的环保教育是分不开的。

在每学年的“自然节”中，学校会分年级开展环保制作活动，一年级的孩子和父母一同用塑料瓶、雨伞、鸡蛋壳等废弃物制作创意花盆，并在盆中种植自己喜爱的植物，孩子们发挥奇思妙想，各显神通，一个个稀奇、美观的花盆不仅提升了孩子们的动手制作能力和审美情趣，更培养了孩子们变废为宝的生活理念。

二年级孩子和父母一同制作环保服装，并穿上自己设计制作的环保服装参加一场别开生面的环保时装秀；三年级的孩子们以大自然为宝，拾起枯树枝、落叶等进行创意 DIY，树叶贴画、树枝艺术作品、木桩画等，让大家眼前一亮；四年级的孩子则开展无土栽培活动，有的孩子用番薯种出了极具观赏价值的藤蔓，有的孩子用果核培育出了细长的根须；五年级的孩子在老师的带领下，设计自动浇花器，在培育花草的同时，做到了节约水源。自然节的环保作品制作活动，让孩子们沉浸其中，享受变废为宝的快乐和欣喜，培育孩子们爱绿色、爱环保的理念。

**秀，是呈现形式，在表现学生的“杰作”的同时，更把学生的环保生态理念展现出来。**

除了自然节的环保制作活动，学校将环保教育常态化。班主任们通过班会和午会等渠道开展爱粮、节水教育，教会学生垃圾分类等相关知识；学校大队部安排值周班同学检查和督促各班级的光盘及垃圾分类情况，做到日日有记录、周周有反馈、月月有表彰，让每一位学生将环保落实于实际行动中。学校还为每一位学生发了一块手帕，让孩子们远离纸巾，热爱自然，保护树木。

孩子们不仅自己落实环保理念，还通过节假日的“环保假日小队”活动，将垃圾分类、节约水源、废品利用等向社区内的居民进行宣传；在家

中，孩子们牵起父母的手，一同运用“环保搭档”，帮助家庭开源节流。例如，用淘米水洗菜，最后用来浇花等。孩子们用小小的双手，牵起了大人的手，将环保行动落实在日常生活的每一天。

洪庙小学始终坚持做好环保教育，希望用我们微薄的力量为每一届洪小学子播撒环保的种子，让每一个“洪小人”建立健康、绿色的生活态度，心系自然、向往绿色。

**把“秀”固化成常态，落实到具体，这才是“秀”的本义。**

## “人可”说

曾几何时，不少地方将环保作为活动，追求好玩。可是当我们将环保仅仅定位为活动时，环保的价值就被贬低了。环保，可依托活动来演绎，但不是全部。

多少年后，当我们目睹乱砍滥伐、浪费资源给社会、给人间、给世界带来灾难性的后果时，我们终于明白：环保是另一种“生命”。

人与自然密不可分，人类的存在是与自然的存在相依存的。环境，是我们生命的“家园”，适应环境，是我们生存的必需。因此，从这点上说，保护环境就是保护生命。可以说，环保是生命的另一种方式。

显然，环保教育不是小孩的玩耍，而是非常严肃的事情。对大自然要有敬畏感，要有慈善心，要有感恩情。

保护环境，不是人类对自然的恩赐，而是人类必须恪守的职责。环保教育，首先要激发学生守护的责任感，其次要激发学生学习如何保护的知识欲，最后要激发学生与自然共存的意识流。

化废为宝，变旧为新，贯穿“秀”的始终。“秀”场结束，环保日常举措登场。

人人参与，亲子共“秀”；家校联手，理念遂成。

教育也是一场“秀”，“秀”出教育情感、育人成果；“秀”出学校精神、师生面貌；“秀”出发展神韵、愿景向往。

发现
31

# “我与老照片同框”

## 教育，要有合适的“通道”

好雨知时节，当春乃发生；育人有入口，适合乃发生。没有最好的教育，只有最合适的教育。

合适的教育在哪儿？切合的活动形式何在？这是摆在学校面前的现实话题。能提振学生兴奋点的、能使学生主动沉浸其中的、能有事中尽情参与和发挥的、能有事后回味意义的，应当就是合适的教育及其活动组织形式。

家乡最能勾起人们内心深层的情感波澜，亲情最能触动人们内心深处的“痛点”。两者的有机结合，很好地打开了育人“通道”。

新中国成立以来，特别是改革开放 40 多年来，祖国面貌焕然一新，经济社会结构和人民生活水平得到了显著改善和提升，孩子们的家乡也发生了日新月异的变化。为了有针对性地开展育人活动，结合孩子们家乡前后变化的丰富实例，让孩子们感同身受地接受一次爱国教育，学校组织了“我与老照片同框”的亲子寻访活动。

听说学校有这个寻根追忆活动，孩子们可兴奋啦！他们回家纷纷翻找家中的相册，想要看看祖辈、父母的照片。小玥在家找到了一本有点陈旧的相册，一张张黑白色的照片在她眼前闪过。其中一张照片吸引了她的眼球，这张照片已有些许泛黄，照片上的人年纪还小，不仔细看，真认不出是谁！妈妈看到了这张照片，她回忆起从前。“你发现了吗？这是你现在的学校，也是妈妈小时候读书的学校，这是 20 年前迎新年拍摄的。”妈妈指着照片中那一角说，“你瞧，我们原来杂草丛生的小树林，现在变成了你们学校特色的‘法布尔生态实验室’。”小玥瞪大了眼睛，简直不敢相信，学校的变化如此之大。

**对比说明问题，形象反映实质。教育的本义，此时无须多说。**

小玥还找到了唯一一张爷爷的照片，她兴奋地拿着照片跑去找爷爷。爷爷告诉她，那是在老家门前的“仓库场”上拍的。三十多年前，老家门前的一块空地是“仓库场”，是用来供周围的村民们摆放各种农作物用的，这是大人们干活的地方，也是孩子们玩耍的乐园。孩子们会把垒好的稻草堆当作球门，每人排队依次上去抡几脚，一边踢，一边“呀”地大喊一声。听着爷爷的故事，看看爷爷脸上洋溢的笑容，小玥不禁很想去看看这个地方。当爷爷带着小玥来到照片中的地方时，那里已经是一个小公园，老爷爷们围坐在一起下棋，老奶奶们跳着广场舞，孩子们跑着、跳着……音乐声伴随着嬉闹声，热闹得很哪！周边的房子也不再是简陋的用茅草屋盖的房屋，而早已是一栋栋小洋房了。小玥拿着爷爷的旧照片，和爷爷在同一个地方拍下了这见证家乡发展的照片。

**思想在家乡的变化中升华，亲情在寻根的过程中浓厚。**

在活动期间，孩子们完全沉醉在家乡美好变化和与父母、祖辈亲切回忆的情景中。通过大量的亲情共忆和实地感受，孩子们感慨万千：现在农村的面貌焕然一新，人们的生活变好了，住上了漂亮的小楼房，乡村的环境更加优美，在绿树红花的衬映下，小桥流水显得更有魅力，家乡处处焕发出生机。活动中，孩子们也了解了家乡浓郁的历史文化底蕴。

一张张照片反映着时代的脚步进程。通过此次活动，让孩子们进一步了解了家乡的发展与变化，深刻体会到家乡的变化正是祖国进步的缩影。从小家到大家，更能激发自己的爱国之情。这正是：

看家乡，感受历史变迁；

寻记忆，回顾初心使命；

悟成长，汲取精神力量。

## “人可”说

洪庙小学在育人方式上，在长期的实践探索中，找到了适合本校实际和生源特点的方法，基本上形成了自己的育人特色，就是在与学生最贴近的生活实际中寻找具有启迪与示范意义的事例，让学生进行“回炉”式的体验，在体验中获得新的感知、新的认识。

这种体验式的育人方式，大大缩短了学生对现实世界认识的“反应”速度，有效构筑了认知体系的正确底基。

教育无定式，育人无模式。只有在实践中证明是有效的，才是合适的。即使被证明此时是合适有效的，在彼时也须与时俱进地发展。洪庙小学已经掌握了此间方寸的“拿捏”手法。

发现 32

# 我们也能做超市“小经理”

## 角色，是一种教育的启发

动手，是学生的特点；模仿，是学生的擅长。超市岗位的实践，较能切合学生的生活体验。

“小经理”是个综合管理的角色。经此历练，能力跃升。

2016年9月1日中午时分，洪庙小学“小蜜蜂”超市正式开张啦！

开张伊始，小超市里就人头攒动，大家嚷着要见识一下超市的模样。

最吸引顾客的是那位手拿扫码枪、精神抖擞的小收银员。大家看着她拿着扫码枪进行结账，微笑着招呼在超市里购物的小朋友，眼里充满了羡慕与向往。

将职业体验融入“职业”本身，是开小超市的原始动机，学校想在有限的中午时分，放学半小时内，让学有余力的同学有一个职业体验活动，从而提升学生走向社会的能力，增加社会的认同感。

超市的第一任经理是由宣传部部长子钰担任的，她的任务是全权负责小蜜蜂超市的日常运营。担任经理后，“钰经理”的责任意识被不断地激发出来，小超市成了她每天课余的“必修作业”：日常巡视、岗位安排、营业情况、营业额汇总，都要亲自查询、亲自复核。子钰同学成了一名像模像样的“职业CEO”。

培育一位“小经理”并不是学校办小超市的意图，而是希望培育更多的“小经理”来参与这项体验。为此，学校在周末开设“经理”训练营课程，带着孩子们来到附近超市，实地勘察超市货物码放，探究超市经营思路。孩子们发现，超市不仅对各类物品都进行分类，更注重突出物品的时令特点。恰逢元宵节时，超市开展了元宵打折活动，不管是冰冻元宵，还是干吃汤圆，都标上了醒目的标牌，干吃汤圆还放在了超市门口最显眼的地方。

**看人挑担不吃力，只有亲自在肩上压过，才知它的分量。**

“小经理”们看后才知道：超市要办好，学问可大了。

他们开始思考：我们小超市的布局合理吗？我们的产品是否符合消费者的生活习惯、生活需求，我们是否可以开展一些促进顾客消费的活动？

实践是最好的老师，一场“超市改革行动”应运而生。

同学们聚在一起进行销售分析，寻找畅销商品和滞销品，对进货进行合理规划；部分同学着手货架整顿，凸显人文意识，将滞销商品放到了超市入口的地方；有的同学制订超市营销方案，将部分物品做降价调整；更有同学以即将来临的三八妇女节作为特卖日，策划起“感恩母亲”促销活动。

活动那天，超市门口架起了广告牌，上面写着：世界上最伟大的爱，莫过于母爱！超市工作人员特地将部分柜台从室内搬到了室外，推出了康乃馨、足贴、护手霜等最适合送给母亲的产品。同学们纷纷来到小超市，用自己赚来的积分卡为母亲买一份小礼物，表达深深的感恩。收银机前瞬间排起了长龙，场面十分火爆。小小超市，聚集了最温馨的能量，爱的氛围弥漫学校，从超市延伸到了班级乃至家庭。

从职业体验到团队合作，从市场营销到人文管理，在我们培育超市“小经理”的工作取得一定实践经验的同时，学生给了我们更多的惊喜。他们增加导购人手，帮助低年级同学挑选物品，最大限度帮助小朋友节省购物时间；他们引入值周班同学，让他们来解决超市盘货、结算、打扫卫生等工作人手不足问题；他们也设计了"问题记录本"，让每个"员工"都能记录发现的问题，以便及时解决……这样一来，挂牌的"小经理"工作顺畅了，更多的"小经理"也诞生了。

小超市还在营业。小超市的经理们，获得了不一样的体验，他们学到了更多的知识和生活经验。

**当时空的长度给予回报时，"小经理"的角色转换也有了新的期待。**

## "人可"说

角色，是对职责的体验；角色，是对公众的告白。

角色教育，就是依据社会性的约定，进行针对性的锻炼，追求结构性的完善。每一个人的角色，在一段时间内，既有固定的，也有临时的，既有单一的，也有复合的，不论如何，角色就是忠于原职，完成赋予的使命。

人在社会上，需要担负特定的角色，在角色身份认同中，实现对价值的承诺。不过，角色，也是转换的，但角色转换并不等于可以背离角色的色彩。

另外，各个角色，在履行职责上是没有区分的，更没有一号二号之别，只是角色的不同规定了承担的侧重点。

角色教育，需要辩证的头脑。

当下，随着社会对人才定义要求的"水涨船高"，人才的综合与复合能力的储备比过去任何时候都要高配，并且会一路高攀。这就要求学校培养目标要有前瞻性。

引入"小超市"，正是因为看中其具有给学生进行综合实践能力锻炼的功能。

# 第六篇

# 爱心有情

教育，是爱的教育。教育的本质，是一种出于人道又高于人道的大爱。爱，集中了人类情感的最高指标，集合了人类品质的最美境界，集聚了教育人的最深情怀。

爱，是正常人体现的必备品质，也是平凡人必备的必需素质，更是现代人必有的崇高素养。

学会自爱，懂得珍惜自己的存在，提升自己的追求，完善自己的初衷。

学会他爱，懂得欣赏别人的一切，尊重别人的思想和习惯，包容别人的缺点和优点。

学会热爱，热爱大自然，热爱人间社会，热爱美好事物，热爱人文关怀。

学会大爱，热爱祖国，热爱家乡，热爱周围的一草一木，热爱身边的一景一色，热爱处处的美好生活。

爱，是一门学问。教育是爱的港湾，学校是爱的帆船。载着爱意，温馨满溢。万物有价，爱心无价。爱要施与，杜绝吝啬。学校的爱举，教师的爱心，是爱心火炬长明不熄的擎手。在爱的拱卫下，学生幸福成长。

爱心有情，说的是爱出自于心，源自于心，融入于心。

发现

33

# 唤醒沉睡的书籍

## 你看了，书就醒了

现在孩子的家里通常都有不少的书籍在闭合着，打着瞌睡。怎么办？让书流动起来，恢复书籍应有的“打开”状态。于是，在学校的组织运作下，书籍在沉睡中被唤醒了。

"孩子又吵着要买书！"

"看完一遍的故事书压在箱底不再看了。"

"孩子大了，小时候看过的书扔了可惜，放着又占地方。"

家长们说："随着孩子们年龄的增长，很多书籍渐渐'失宠'，怎么办？"

我们对家长说，对这些情况要理解，我们小的时候不也是这样的吗？所以不要见怪。重要的是，我们要看见另一个事实：渴求新鲜而有趣的新知识是孩子们的共性，我们应该支持、帮助他们，给他们创造新的阅

读机会。

家长们同意了。

那么那些“沉睡”在家里的书籍又该何去何从呢?

一场主题为“唤醒‘沉睡’的书籍，共享思想的力量”的书籍漂流活动应运而生。

在班主任的组织下，小朋友们都把自己家中闲置的书拿到了教室里。为了让自己的书得到更多人的欢迎，小朋友们纷纷制作了精美的“图书漂流卡”，上面有主人的姓名、推荐的简单理由，甚至自己的阅读体会。

书籍就这样漂流起来了。这一漂，沉睡的书籍就此醒来。

有的小朋友看完书后，情不自禁地在漂流卡上留下了自己的心得；有的小朋友为了看到心仪的书籍，奉若至宝，非常愿意去叨扰前一位读者，问问阅读体会与收获；还有的小朋友会经常三五成群地在一起讨论共同读过的书；有的干脆成立了某某书的阅读小组，开展读书活动。

**众多书籍一旦流动起来，她的功能效应绝非单本或少量书籍可比，相应的阅读形式也就丰富了。**

渐渐地，“小书虫们”不满足于班级内的书籍，开始了班级之间的横向交流。每个班级学生分成了四个小组，班级内的每个小组成员与其他班级的小组成员之间互换书籍。（1）班的学生双手捧着用红丝带扎好的书籍来到（2）班，由各小组长将书籍郑重地交给（2）班的组长们，依次类推，（3）班与（4）班、（4）班与（1）班……班与班之间的学生每月互换书籍，确保了每位学生一学期读完四本书籍。

孩子们交换的书籍有学科内容方面的，有助于提升他们的学业水平；

有课外阅读类的书籍，有利于提高学生修养。“你有一种思想，我有一种思想，交换后我们都拥有了两种思想”，班级之间的换书活动也是如此。一本本书籍上，同学们看到了书本的漂流轨迹，还找到了与他志同道合的朋友。同学们之间走动多了，班级也更活跃了，孩子们也在读书中更加学会做人、做事……

书籍漂流活动开启，孩子们的阅读热情被激发，阅读的习惯渐渐养成。“沉睡”的书籍被唤醒了，阅读成为一种分享，思想的力量流动起来了，书本的价值也就最大化了！

**书籍漂流，留下的是书的馨香，带来的是小伙伴的友情，产生的是阅读的共鸣。**

## “人可”说

书籍，是历史的记录，也是知识的集萃。人类文明，在现代是靠着文字或其他形式而保存的。所以有了“书是知识的海洋”的比喻。

书，永远是躺着，当你不去浏览它时，它会静悄悄的。书，最有价值的是有人打开它，而且打开的次数越多就越有价值。

书是孩子们的良师益友，成长中不可或缺的精神食粮。书要在有效阅读中产生效用。

其实，书本身不会过剩。一旦书被空闲，那是对精神食粮的一种浪费，对良师益友的一种怠慢。

幸好，书籍漂流活动让沉睡的书籍重抖精神。

说到底，要让沉睡的书“醒”来，关键是读书人要先“醒”来，只有你主动、自觉地去翻阅书，书才会“醒”来。因此，与其说唤醒书倒不如说先唤醒自己。

# 范爷爷的“心病”

**留心的魅力**

孩子能揣摩大人的心思，看出大人的困惑，接着想办法来消除产生的原因。

这些小朋友真不简单，当起“心理医生”蛮有一套，还手到“病”除了呢。

春天的“法布尔”生态实验室是孩子们最爱去涉足的地方。且不说这里的花花草草、鸡鸭虫鱼，仅仅是跟着管理员范爷爷随便兜兜，也是件极有趣的事。要是能跟着范爷爷一起种菜养花，那可是最开心不过的事了。

然而，每天笑呵呵的范爷爷，这两天却总是愁眉苦脸，一副心事重重的样子。孩子们忍不住好奇：范爷爷怎么了？原来，最近“法布尔”的河道里长满了绿萍。范爷爷每天提着网兜，来来回回地打捞，可才打捞干净，没几天，河道里又长满了一层厚厚的“绿色地毯”。

原来，每年 4 月到 10 月，绿萍就会大量生长，怎么捞也捞不干净，这个问题一直困扰着范爷爷。孩子们却不明白，绿萍长在水道里，不是挺漂亮的嘛，为什么非要打捞起来？范爷爷虽然知道绿萍对水环境不好，但是说不上来为什么不好。留心的孩子去查了一下资料，验证了范爷爷的担心，如果任绿萍大量生长、泛滥，就会成为一个严重的生态问题，小鱼小虾就不能呼吸了，阳光也不能照进水里，水下的生物就会有灭顶之灾。

为了“治疗”范爷爷的“心病”，孩子们不禁开始思考：怎样应对法布尔河道里的绿萍问题呢？范爷爷的办法是不是最有效的呢？我们能为法布尔的水生态做些什么呢？

**察言观色，实地考察，找出了范爷爷“心病”的症结。**

在“法布尔实验室”唐老师的带领下，四年级 10 名学生分三组开展了专题探究。在认真探究绿萍的生活史后，有学生提出生物防治的方法，他们建议养一群鸭，可以天天扫荡，绿萍就没有“出头之日”了。但很快家里养鸭子的学生提出反对意见，并提供了由于鸭子什么都吃，导致小池塘周边“寸草不生”的真实照片。有学生提出限制生长的，如治理水体营养过剩，可以掐断绿萍的营养供应。但又有学生发现，法布尔河道每天都会飘进很多落叶，还有“雁鸣小筑”中的鸡、鸭、兔等排泄物的渗透，掐断营养供给几乎无法实现。最终，大家还是觉得打捞的方法是最直接有效的，捞出来的浮萍还能给饲养的小动物们加餐，可谓一举两得。

但，接下来天气越来越热，绿萍生长越来越快，光靠范爷爷一个人打捞，不但辛苦，成效也不高，怎么办呢？这时候，孩子们把目光重新聚焦到范爷爷的网兜上。一连串的问题，又成了探究一组孩子们的重点解决对象：这个简单的工具，是怎么做到让绿萍和水分离的呢？网兜网眼的大小和绿萍的打捞效果之间又有什么样的关系呢？如果我们小朋友也来打捞绿萍的话，行走在水道会不会不安全呢？探究二组的孩子则更注重“实践精神”，他们模仿范爷爷的打捞工具，自己做了一个小朋友能使用的网兜，并在实验中，测试了不同大小网眼的打捞效果。探究三组的孩子则将前两组的探究成果加以整合，研究发现，哪怕有适合小朋友的网兜，由于安全问题，也不建议使用。而借用网兜打捞的原理，便有学生提出了安装法布尔河道过滤器的想法，这次他们想从根本上解决法

布尔河道的水质问题。

孩子们兴冲冲来到“法布尔”，他们要用自己的方法，帮范爷爷解决“心病”：一张疏密适宜的滤网横截在法布尔水道一头，随着水的流动，绿萍自然被滤网拦截下来，范爷爷再也不用跑来跑去辛苦打捞了，只要每天到固定的地方收拾绿萍就可以了。

**孩子们开出的“方子”挺管用，范爷爷的脸上重新露出了笑容。**

我们很庆幸，在“法布尔”有这样一群触角敏锐、情感细腻又富有实践精神的孩子，更庆幸在老师的引导下，这群孩子能在法布尔不断拓展探究，不断认识生态和生命的本质，认识到生态保护的重要性，感受到人与自然休戚相关的联系。

## “人可”说

关心，是一种发现的前提。留心，是一种学问的开启。

关心周围，关心他人，学会从周围环境中找到一些什么，学会从他人的脸色和行为中观察什么，这对学生的成长非常有益。

关心，既是爱的方式，也是发现的眼睛。

留心，既是重视的态度，也是提高的预备。

由孩子们的懵懂被老师和大人启迪，到范爷爷的“心病”被孩子们所“诊断”“诊治”，这“一进一出”的进步，着实反映了洪小重视学生素质养成、让孩子经受自然锤炼和实践磨炼的育人方式的实效性。

孩子们像花朵一样，在自然环境中会开得更艳、更香。

发现
35

# 书写“福”字的寻味

## 字如千钧

书法艺术是中华优秀民族文化宝库中的瑰宝，爱心是人类共有的崇高情感。将两者有机融合一起，体现的是学校教育的文化取向、育人方式的价值崇尚。

洪庙小学是全国书法实验学校、上海市书法示范学校，每到年底学校都有一堂固定的课——一堂书写“福”字的课。这课坚持到今天，已经有十多年了。坚持这堂具有特殊意义的“福”字书法课，一来可以练笔，二来就是迎春。

写字的好处，其实还不止这些。

写“福”字书法课的那天是热闹的一天，也是最喜庆的一天。

那天，学校插满了彩旗，一片迎新的氛围。

这时的校园，全部的班级，所有的课桌，都会铺好毛毡，放好纸砚；

所有的学生胸有成竹，充满自信，就像出征的战士一样，静坐着，他们等待着一个指令：现在开始！声音传来，学生握起笔，手臂、手腕、手指不同发力，行云流水间一个方正的“福”字便写好，是篆字的；另一个“福”字也写好了，是隶书的；还有一个“福”字也写好了，是学米芾的；还有的同学写的是赵孟頫的“福”字。

**整个学校顿时成了“福”的海洋。此时，教育的主张得到了伸张。**

满屋墨香，满屋“福”字，满屋笑脸。

一个个的“福”字红黑映衬，醒目悦目，好看耐看。大家相互称赞，相互鼓励。

“福”字跟着友情，跟着年味一起来到了学校，来到了学生之间。

写了字就要去贴字，如何贴，是个问题，抓耳挠腮，不如请教老师。老师说：简单，要倒过来贴呀！为什么？老师说：自己去了解，去理解。

回家问父母，父母说明天问老师。他们推来推去，孩子们想到了教他们书法的书法家。

书法家老师是长者。长者说：贴“福”字是很讲究的。正门口的“福”一定要正贴，代表“迎接福气到来”，如果把福字倒贴了，不是福“到”了，而是把福“倒掉”了；但如果一年中，家中有人亡故或者受灾时，可以倒贴“福”字，意在新年会转运。贴字的时候，人要心诚，不能嬉皮笑脸，贴时要严肃，贴好后要微笑，这样贴字就有意思了。这贴字的讲究，让同学们感悟深深，写字有道道，贴字也有道道，真是学不完的知识啊！

后来的几天时间，孩子们将这些写好的“福”字贴满了校园，校园沉浸在喜庆的氛围里。后来，孩子们又将这些“福”字贴到了自己的家里，家里多了一份安详与期盼。再后来，孩子们将“福”字贴到了福利院的门口。

自己写“福”字，自己贴“福”字，同学们感悟，这写字贴字，学问真多。

**重视“余音缭绕”，注重“‘福’尽其用”。书法和“福”，写出了孩子们爱的天真。**

## “人可”说

书法，是中华优秀传统文化的一个颇有能见度和好感度的亮点。挥毫，其实是一种具有文化底蕴和人文情怀以及书写艺术的乐事。

字如其人，是说书法与人的精神、性格、情趣的相似性，字见精神的风范，字见性格的风骨，字见情趣的风景。

字如人生，是说一定的字，概括的是人生的旅程，提炼的是人生的经验，提示的是人生的况味。

因此，汉字的底蕴极厚，内涵极深，意思深邃。而书法，既是对字的忠诚临砚的表现，也是对字的表现方式的再现。

书法的形象与神韵，本身就是一本大“书”。

书法是手段，在传承中感受优秀文化魅力从而激发民族自豪感、培养爱国情感才是目的。

作为书法特色学校，将习练书法纳入育人格局，以书法作平台唱响爱的畅想曲，习字如做人，见字如见人。

书写人生，法乎其上。“福”近身边，又及远方。

发现
36

# “橘子先生”，你好

## “摘”与“载”的寻味

教育的取向是公平公正公开，应直笔笔地嵌入孩子幼小的心海。当问题来了，孩子们顺当地找到了解决的办法。

“法布尔”的橘子成熟了。

和煦的阳光伴着微风洒在洪小校园中，一个个圆鼓鼓、黄澄澄的橘子在阳光的照射下分外耀眼；孩子们一下课便蹦跳着来到树下，巴望着，巴望着，期待着采摘的那一刻……

4月20日，四（1）班的“橘子先生，你好”采摘活动开始啦！孩子们按照班委会商议决定，分成三个小队，在班主任老师的带领下，来到“法布尔”实验室。第一小队的同学戴着手套，拿着剪刀和篮筐，他们讨论着橘子的多少，比较着橘子的大小，就连平时不爱劳动的晓思同学也干得格外起劲，欢笑声此起彼伏。第二小队的同学学习秤的用法，探究橘子的数量和重量，并将数据一一记录在探究单上。第三小队的同学搜集资料，争论着橘子公母的奥秘。经过大约两个小时的劳动，共采摘橘子367个，合计37千克重。看着满满几箩筐的橘子，孩子们有点得意，又有点焦虑。

**采橘的快乐，不久便被如何分橘的困扰所纠结。成长中的烦恼，须在成长中消除。**

如此多的橘子该如何处理呢？班长说：学校是个大家庭，每个人都是其中的一员，有了好东西当然应该和家人共同分享。他的提议得到了全班同学的支持。可全校六百多人，如何将橘子合理分配呢？同学们在老师的建议下，纷纷拿出笔和纸，运用所学的数学知识进行计算，寻找最“公平”的办法。最后发现，将橘子按大中小分类，然后以班级为单位进行均分最为合理，这样每个班级可以分到不同大小的17个橘子。于是，按照分配方案，橘子安全地来到了每个班级的讲台上。全校的孩子看到“法布尔”的橘子，个个欢呼雀跃，但也有感到小小遗憾的，因为没有亲身参与橘子的采摘。

没有关系，因为每个班级在分享完橘子后，还有一个重要的任务：完成一幅具有班级特色的橘子贴画。“橘子先生”激发了学生的无限创意，

我眼中的桔子
桔子皮的功效：
桔子皮可以泡水，可化痰、健胃
桔子的功效：
清除疲劳舒缓情绪
桔子外面一层白白的叫（桔络），
它的功效是：
可以治胸痛 痰血、酒渴等作用
小发现了桔子的小奥秘：
桔皮可以泡水、化痰、健胃，
格络可以治胸痛、痰血、酒
渴等其它作用。

学生用橘子皮表现出了很多童趣的场景，如：棕榈沙滩、草原牧羊、金色麦浪……也有学生进行了脑洞大开的创意，如：流浪地球、未来世界、机器战士……当然，有的班级制作了小橘灯工艺品，有的班级探究了橘子的功效等。于是，“橘子先生”热络地陪伴了孩子们整整一周的时间。

**感谢“问题”，致意“烦恼”。若无二者，绝无后续。随着橘子的成熟，孩子们也成熟起来了。**

“法布尔”的分享活动还有很多，这种分享因为学生参与前期的劳作和守护而变得更为珍贵。所以，我们总是在满足学生“口腹之欲”的基础上，由兴趣出发，让他们完成一些相关的探究、制作任务，让美好的感觉在实践中延续，再延续……

“橘子先生”，你好——你好甜！

## “人可”说

果子熟了，去摘，这是自然现象，也是本能之事。当然摘的地点不同，感受也不一样。

从“摘”想到“分”，这是正向思维，于是有了如何分的探讨。对“分”的规则的考虑，则是一个融合了许多因素的选择。

从“分”想到“画”，这是创新之念。

显然，橘子熟了，给出的话题，是比自然生长更有意义的。教育，就是在这种自然中不断生发的。事实上，眼前的每一件事，都有可能成为教育真实发生的“引燃点”。

经历，是极其难得的历练；困惑，是不可多得的赐予。教育的眼界，有时会“故意”制造“问题”“困惑”，请学生自行寻求解决方案。

由橘子采摘产生的分配问题，正是学校教育和孩子成长中常遇到的典型案例。还原案例，剖析缘由，有许多值得从教者深思的地方。

发现
37

# 义卖，我们学到了什么

## 买卖之中的“情”与“意”

将爱心托付慈善，将爱心交与童心。学生的善举，是珍贵感情的流露。

让学生举办自己的爱心义卖，把育德的任务由学生自己来落实。

又到了一年一度的义卖周，本次义卖周的主题是：把“爱”和“春天”带回家。怎么才算把“爱”和“春天”带回家呢？各班开展了热烈的讨论，讨论结果是，大家认为只要义卖成功，能够为家庭困难同学奉献一片爱心，就算把“爱”和“春天”带回了家。

为了实现这个愿望，各个班级都在考虑两个话题：第一个话题是卖什么物品能够吸引“顾客们”的眼球；第二个话题是怎么卖才能获得最高收益。

这是共同的话题，在共同话题的背后，各班想出了无数的义卖招数，包括义卖的细节，一切都秘而不宣。

**比谁的义卖招数灵活，义卖效果出挑。暂时的宁静，预示着高调氛围的登场。**

集市终于开张了。焕然一新的体育馆内，人头攒动，人声鼎沸，气氛热烈。

你看看摊位吧，几乎所有的摊位都是精心设计的：货架是情境式陈列；展台是空旷式，便于穿梭；背景布置体现义卖物件的特点，还有真人卖家秀等，让人仿佛置身于庙会集市，看到了沸腾的人气，看到了喜庆的场面，也看到了盛装的魅力。

下午一时整，体育馆大门一经打开，人海如潮。孩子们带着积攒了好久的积分卡三五成群地涌入“市场”。

最吸引大家眼球的是“水果淘淘乐”，这个摊位的小朋友把草莓、桑葚、菠萝等时令水果变成他们的主营品，水果拼盘、水果糖葫芦、鲜榨果汁应有尽有。

穿着菠萝外衣的小朋友不停地吆喝着：“快来品尝春天的味道！”引得摊位前水泄不通，大家耐着性子在排队等待。

“七里香”摊位的势头也不错。摊位上放满了各式各样的香包，几个穿着旗袍的小女孩唱着歌、跳着舞：“艾草自己摘、自己晒；香包自己裁，自己缝；小小心意包里塞，春天的气息带回家。”各班出售的商品创意十足，有私人订制的书画作品，有经济实用的DIY环保袋，有象征幸运的自编手绳……它们都是实用的。

要想获得高收益，除了商品的创意，还需要营销妙招。

“10元小铺”成了当之无愧的店铺“黑马”：四（3）班的高个子男生举着广告牌“10元小铺”的字样，大声吆喝着：“走过路过不要错过，10元积分卡献爱心，套个‘娃娃’带回家。”这种营销方式吸引了众多小顾客。摊位前排着长长的队伍，有的同学甚至排了三四次，就为了玩一玩这有趣的游戏。玩游戏、献爱心、得物品，让这个低成本的摊位，赚足

了人气，收入颇丰。最终，“10元小铺”靠着全场唯一的游戏经营模式，成了本次义卖活动收益最高的金冠店铺，大家都为他们的成功表示赞赏与钦佩。

义卖结束后，各班将经营所得的百分之五十捐献给了学校。学校将这笔“资金”按照比例转换成现金，用以购买礼品去慰问家庭困难学生。

**义卖现场变成了爱的海洋，人人都是爱心使者。无论是卖出还是买入，都是为爱奉献。此时，孩子们懂得了爱的含义。**

义卖活动是一次很有意义的实践教育活动，让学生在亲历中感受参与的乐趣，感知爱的升华，感悟付出的获得，所以生动，学生受用。

## “人可”说

买卖，是市场的交易行为。懂得市场规则，也许是一种收获。而将买卖，通过爱心的介入，变成一种“义买”或“义卖”，这样的买卖被赋予了教育的意义，彰显了爱的奉献。

“义卖”，是一种道德宣示，也是一次爱心派送。在这种宣示和派送中，还充满了许多值得玩味的东西，能引导学生进行多元学习，进行集体活动，进行协作互助。

即使是爱的奉献，这种过程也可以做得非常有学问。教育目的的单一性，并不妨碍教育活动的多样性，教育感受的多样性，教育收获的多样性。

让学生的爱意顺利“出口”，让成长的果实满载“进口”，是考量学校育德能力的试题。

教育上，纵然想法再好，终究须有载体助以实现。寻找载体，搭建平台，既是技术活，更是悟性事儿。

由此可知，手段与想法互相成就。

发现
38

# 摆地摊——毕业前的爱心奉献

## 爱心，是用来点燃的

孩子们的心底宽畅无比，孩子们的心情透亮无比。他（她）用最朴实的语言、最厚实的行动，在毕业前做了一次极富人生回眸意义的爱心举动。

孩子们的愿望纯洁无比，孩子们的理想高远无比。他（她）用最真诚的付出证明自己的成熟，用最真挚的感情检阅自己的成长。

成长无悔，爱心无价。有了摆地摊经历，孩子们的人生顿时立体丰富了起来。

2020年，在新冠肺炎疫情突如其来的非常时刻，有一批学生将从洪庙小学毕业，即将踏上初中阶段学习的旅程。在这富有特殊纪念意义的时刻，“小蜜蜂”假日小队的孩子们暗暗思忖着，如何让最后一个假期过得丰富而有意义，带着别样的收获充实自己、告别母校，开始人生新的学习征程？漫漫暑假，除了学习知识，还有什么可以做的呢？五（1）班的“小蜜蜂们”在和班主任一起沟通商量后，最终决定“自主创业”，开启人生的第一份工作——摆地摊。

摆地摊，那可不是简单的事儿。经过几天的考察，孩子们选定了离学校不远，但人流熙来攘往的兰博广场作为摆摊地点。为了达到一定的社会效应、经济效益和职业体验的目的，孩子们进行了实地考察、网络搜索，提前准备了许多新奇的适销物品，其中有自己手工制作的彩泥小饰品、有通过网络批发来的泡泡相机、有符合时令的电动风扇等，并且给这些商品

确定了一个合适的价格，还为每样商品制作了吸引顾客眼球的价格标签。孩子们信心十足。一切准备就绪，出发！

**只要真情实意想做，能力也会“膨胀”。**

夏日的傍晚，孩子们在家长的帮助下，拿来了提前准备好的小桌子、小椅子、照明灯等摆地摊专用道具。在一番安装、整理、摆货后，有模有样的“店铺”开张啦！

孩子们“经营”有道，忙而不乱，分工合作明确。有的负责摊位的财务总监，有的分管后勤保障，有的侧重销售叫卖。一切井然有序。孩子们十分热情，晓芸同学一遇到客人就询问：“要不要买小乌龟？”“七彩小乌龟，一只 8 元，两只 15 元。”可人们很多都是看看就走了，这让孩子们有些泄气。这时，有个小女孩拉着妈妈的手走了过来，“妈妈，这个彩泥狮子好可爱哦！”雅雅同学连忙微笑着给小妹妹介绍自己亲手制作的彩泥作品，还给小妹妹讲解了捏彩泥的方法，开启了一场现场手工艺微课堂，在孩子们独特的“营销策略”下，摆地摊的第一单生意做成了，可把全体小伙伴高兴坏了！

之后，人们陆陆续续地来摊位前咨询，孩子们总是热情、耐心地回答顾客的问题，还想出了买三赠一、买前先体验等促销妙招。这时，雅雅看到小风扇的销售业绩不错，急忙将备货摆放在桌面上；负责收账的晓叶同学及时地找零、查看手机微信钱包的电子款项，确保每一笔买卖顺利成交。孩子们一直忙到晚上 9 点多才收摊。据统计，这天晚上的收益——营业额居然有 104 元之多，孩子们高兴极了，欢呼雀跃，沉浸在收获的喜悦中。

通过这次摆地摊的体验，孩子们体会到了父母工作的不易，也明白了劳动创造价值的真谛，只有勤奋努力、坚持不懈，才能用双手创造幸福生活！这是孩子们在延续往日爱心活动中的一次深切感受。

“小蜜蜂”假日小队队长雅雅的妈妈对这次摆地摊活动的创意赞赏有

加，感慨道：班级组织“摆地摊”来奉献爱心的活动很有意义，我们作为家长，在边上看着他们，确保他们的安全。但我们不插手他们的“创业活动”，让孩子们自己去尝试、去体验，用劳动创造价值，这是孩子成长的旅程，看到孩子们的脸上有汗水、有欢笑，我幸福着、感动着。

**付出的是爱心，收获的是幸福。“摆地摊”，是孩子们向母校告别的“临别赠言”，是向自己表白成长的由衷礼赞。**

临近假期末尾，孩子们将摆地摊所得捐献给了班级中的困难学生晓玲，他们用劳动创造价值，温暖同伴，收获独立、乐观以及解决问题的能力，给自己的小学生活画上了温暖的句号。

## “人可”说

都说临毕业前，学生有许多愿望想对母校倾诉，有许多寄语想对恩师表达，有许多人生畅想要对小伙伴们表白。毕业时刻，令人陶醉；毕业时分，令人心醉。

由学生自己发起有意义的活动，作为自己的“毕业典礼”奉献给母校、分享给同学、造福于社区、勉励于自己，却是为数不多的学生举措。小学阶段教育的节点，最能在毕业时刻发现新奇、发现惊叹、发现感动。她不是学业成绩单，却胜过任何一次考试的质与量的成色。

学生的阶段性成长与成熟，往往“善意”地避开了学校和老师的“习惯性”注目，却往往证明了学生在成长与成熟的道路上已经能够独立迈开脚步前行了。学校教育的期盼，应当是类似这种方式的“瓜熟蒂落”。

其实，某种程度上教育也是在“摆地摊”，通过“摆地摊”检验“销量”“收益”“投资回报率”“客户忠诚度”。作为学校，“摆地摊”的启示是丰富的，谢谢孩子们！

发现 39

# 一次成功的心理团辅活动

## 减压疏导有方法

在探求未知领域的学业面前，学生的紧张情绪是客观存在的。当考试来临前，这种紧张情绪会化为无形的压力，达到峰值。感到压力是自身机体的一种本能的应激反应，没有压力反倒不真实，需要从另外一个角度去评判其原因并采取相应的措施。

化解和舒缓紧张情绪和压力，学校责无旁贷。学校除了给予学生平和舒缓的环境和氛围外，心理辅导必不可少。让学生沉浸在预设的心理辅导情景中，不失为一种好方法。

又到一学期期末，老师们不约而同开始实施缜密的复习计划。课间，教室里奋笔疾书的身影渐渐多了；餐后，操场上嬉戏打闹的身影渐渐少了……校园里弥漫着一股紧张的烟火味。家长们也绷紧了弦，禁止一切娱乐活动，还开启了“唐僧念紧箍咒”模式。孩子们被压得喘不过气来，白天没有休息时间，就连晚上也要挑灯夜读。他们变得沉默寡言，心里“必须得 A”的念头让他们焦虑不安，压力也越来越大。看到这一现状，学校心理老师伸出援手。如何才能缓解孩子心理压力，让他们快乐学习呢？心理游戏是舒缓压力的绝好方式！就这样，针对四、五年级学生的考前心理辅导课开课啦！

**心理压力须用心理辅导舒缓。考前的心理辅导，对学生犹如一场甘霖。**

“曼陀罗绘画”在心理调适中是一种有效而简洁的方式，通过美术、想象、艺术创造过程来呈现个体发展的不同。心理老师向孩子们简单介绍曼陀罗的缘起后，为每个孩子下发一张“曼陀罗”模板图形。伴随着宁静、舒缓的音乐，孩子们慢慢处于放松状态，用自己的想象，将手中的曼陀罗不断涂色绘画。有一张曼陀罗图片引起了心理老师的关注，老师发现：孩子在涂橙色、黄色等暖色调色彩时，笔触是相对柔和的，在涂棕色、蓝色时的笔触相对杂乱。深邃的蓝色、棕色等暗沉的颜色会在绘画者内心引发不同的情绪，这样的情绪，绘画者自己觉察到，但暂时还未被接纳，所以引发了情绪波动。经过询问，原来，这位孩子成绩平平，作业速度还特别慢，家长们却总是“望女成凤”，为她增加了许多课外练习，让她非常不乐意。心理老师针对这一问题，用语言对孩子进行疏导。孩子们通过感受、绘画、观想、命名来分享曼陀罗绘画带来的积极心理感应，把心中的情绪、想法用色彩表达出来，心理情绪得到了一定的缓解。

分享曼陀罗
分享曼陀罗
分享曼陀罗
分享曼陀罗
分享曼陀罗

如果说"曼陀罗绘画"是静态思索，那么"小球不简单"就是动态感悟。此时，心理辅导课从教室里挪到了体育馆内。别看乒乓球小，它可有许多种玩法，也非常考验团队协作能力。我们自行组成六人小队，在口哨声中，比赛拉开了序幕。团队第一个成员用乒乓板运球，为了取得胜利，他铆足了劲，眼睛盯在乒乓球上，步伐也加快了许多。"加油，加油！"观战的组员异口同声地为他加油鼓劲。当最后一个成员运球时，大家都异常安静，生怕自己的喊声影响小伙伴的发挥。最终，第一小组获得胜利，大家欢呼雀跃。循环体验之后，孩子们从活动中体会到了团队合作的力量，顿时有了轻松之感。

**绘画与游戏结合、意念与活动并用，有效组合的心理辅导缓解了学生的心理压力。**

通过这次动静结合的心理团辅活动，孩子们在紧张的复习迎考中放松身心，一场特殊的心灵之旅受到了他们的欢迎和喜爱。

## "人可"说

教育是以舒缓学生压力的姿态与学生交往的，当学生对教育、对学习不再具有不适与怀疑时，教育的成功就在眼前。学生有压力是正常现象，关键是学校应如何应对学生的压力，采取什么样的方法来缓解学生压力。

对学生压力的正视，是教育大爱的具体体现；对学生焦虑的同情，是采取行动的前奏。站在学生的角度思考问题，是解除学生压力心理的前提；用心理辅导方法缓解学生压力，是取得预期效果的科学方法。

让压力变为动力、焦虑化为积极，是开展心理辅导的本义。当然，仅有次数不多的心理辅导与教育是不够的，要把帮助学生建立积极心态的理念贯穿于教学始终，落实于育人全程。

# 第七篇

# 创生无限

创生，源于自然永不停止的运动，也源于生命交替不断的过程。只要宇宙存在，人间就到处充满了创生的机会和可能。

创生，是对创想的建筑，也是对创新的建树，更是对创造的建设。创想，使创生变得有“活水”；创新，便创生变得有“泉水”；创造，使创生变得有“溪水”。

创生，首先是意识的萌芽，有了意识的驱动，才会有从零到一的突破；其次是思想的转换，有了思想的搅动，才会有从量到质的飞跃；最后是工具的利用，有了工具的推动，才会有从术到艺的提升。

创生，是教育的重要内容，接受知识是创生的前提，运用知识是创生的条件，转化知识是创生的技术。从知识传输到知识转化，是创生的必经过程。

创生无限源于自然、宇宙的博大。

物质不灭，是因为生命生生不息；事物发展，是因为创造刻刻不停。教育的使命，当使创造后继有人。现如今，创造教育已蔚然成风，创生理念刻入办学信条。创生教育，首先是教育创生，理念更新。创生是思路的触发，一旦打开，创意无限，成效无量。

创生无限，给了发现的无垠天地，给了发现的无尽想象，给了发现的无愧一生。

# 合唱比赛也能“转身”拉歌赛

## 新意是对传统的演绎

转身，会看到不一样的“风景”，得到新的灵感。经常转身，“身子骨好”，“头脑”好使。

转身，是教育的华丽常在。当学校某项工作在“高原地带”停留较久时，不妨转转身。

班班合唱是我们学校的保留活动，每年国庆期间，每个班级轮流上台合唱。

能不能改一改合唱的方式呢？

军嫂朱老师向学校提议：能不能像部队那样，开展校园拉歌赛呢？

这是个好主意，学校非常重视。德育处专门就此事召开会议，首先梳理出了拉歌的几个特点：一是拉歌是在原地的，不用上台，孩子们可能没那么紧张；二是拉歌是一个班级唱完向另一个班级发出挑战，现场氛围可能比上台合唱热烈；三是拉歌重视的是气氛、气场，主要看班级集体的团结、拼搏精神，合唱技术的训练可以适当放宽要求。

**思路在转身中闪现。同是唱歌，要唱出不一样的“精气神”。**

但拉歌也需要准备的，曲目要准备几首，虽然没有合唱那样的排练，但也要进行赛前训练，以最好的状态亮相。

拉歌活动在全校师生的期待下开始了。全校所有班级聚集在体育馆，各班同学穿着统一服装，整齐地按照班级方阵就座。每个班级各具特色：有的班级齐心协力，准备了精美的道具，手拿小红旗、脸上小贴纸又酷又炫；有的班级独出机杼，绘制了夺人眼球的加油横幅；有的班级学生整齐地穿着“小红军”服，手举小红星……那个场面，真叫一个壮观；那个气氛，真叫一个热烈。

“东风吹，战鼓擂，要拉歌，谁怕谁？”三(1)班第一个亮起嗓子唱起来：“团结就是力量……”歌声刚落，酷炫的拉歌口号又响了起来“三一三一，勇夺第一，谁有不服，过来比比。三（2）班，来不来？”三（2）班也不甘服输，唱起了《打靶归来》，“一二三四……三二三二，独一无二，问问三一，敢不敢再试？”三（1）班的歌声又响了起来，一曲《红星照我去战斗》作罢，他们掉转矛头，点将了五（4）班。“五（4）班，行不行？”五（4）班领唱清脆的歌声瞬时让场面变得安静，原来是这个班级的小歌手硕硕为班级领唱《歌唱二小放牛郎》，班级里的其他学生轻轻地和着他的歌声，动人的旋律、悠扬的歌声令人听得陶醉，大家化身成为“小粉丝”，静静地聆听，一位小歌星就此诞生了……

歌声一浪盖过一浪，很多耳熟能详的经典曲目掀起了全场的共鸣，大家和

着节拍整齐地挥动着手臂，精神饱满地唱完一曲又一曲，拉歌赛俨然成了700人的演唱会。老师们也欣然地加入其中，一起唱了起来。

最后，经音乐老师提议，全校起立，合唱一曲《我和我的祖国》，将拉歌比赛推向了高潮。拉歌结束，许多同学还留在体育馆内不肯离开，沉浸在拉歌的热烈氛围中。

余音绕梁三日，情景回味无穷。学生说，拉歌真带劲；老师说，拉歌使合唱有了新意。

传统活动需要新的创意设计，这是拉歌给我们的启迪，我们记住了，就要不断地实践。

**要的是氛围，图的是热烈，显的是奔放。拉歌赛实现华丽转身。**

## “人可”说

出新意，是新时代的特征。出，是一种主动精神；新，是一种追求；意，是一种内涵。出新意，在相对静态的教育中，特别需要这样的激情、这样的气概、这样的思维。

单一性的东西总让人产生枯燥感、乏味，即使是经典的教育和经典的做法，也有与时俱进的客观要求，也有不断挑战自我的主观愿望，更有更上一层楼的向往。

新意，可以是在传统上的继承发展，也可以是“旧瓶装新酒”，更可以“另起炉灶”。不必忌讳，不必顾虑，不必顾东张西。

勇于突破，不被束缚；敢于创新，不图安逸。一点小创意，迎来大变局。只有试，才会成功。常变常新，生机勃勃。

教师中蕴藏着无限的创新能量，交谈中、聊天中，不经意间流露的就是创新的火花。留意、接招、加薪、燃烧，要看学校的眼力。

# “小导游”海阔天空

## 天空，是自己撑起来的

给学生一个小小的平台，就能使学生得到一个大大的天空。

创设平台，搭建载体，是育人成才的必经之道。

学校的工作，就是“建筑师”的本事，不停地为学生营建合适的发展“基础”。

羞涩腼腆似乎是郊区农村孩子的天性，但在孩子们内心里，他们更希望自己举止得体，能说会道。学校通过成立校园导游社，开展一系列实践活动，为孩子们搭建起了锻炼自我、增长才干、收获成功的平台！

“小导游”来报道——招贤纳士。

**认识是行动的开始，选择是有效的前提。关键是要跨出第一步。**

“小导游”作为学校的宣传大使，需要向来宾准确地介绍学校。那应该怎样挑选导游呢？我们认为，热爱是一切活动的起源，只有真正喜爱学校的同学才能更好地表达自我、“推销”学校。每年 9 月，大队部都会贴出“招聘启事”，广发“英雄帖”。令人惊喜的是，孩子们纷纷前来报名。在交谈中，他们眉飞色舞，诉说着校园中的一景一物，听得出，学校是他们学习与生活的乐土。能介绍校园景物只是基础条件，要想考验是否“真爱”，还得谈谈自己与它之间的小故事！孩子们的表达虽然带着生涩，故事甚至有些平淡，但蕴含其间的情感却如此真挚。此次“海选”共有 15 名同学脱颖而出，成了导游社的一员。

“小导游”初养成——你追我赶。

为了能更客观地介绍学校，导游社的学员们接受了统一的训练。除了基本的礼仪训练外，小导游们还要接受更具挑战性的实操训练。“法布尔”是校内实践基地，孩子们以此为训练营，开启了“小导游”的成长之旅。我们欣喜地发现，同学们通过采访老教师，揭开“法布尔”过去的神秘面纱，锻炼了胆量；通过绘制游览地图，制定了合理的参观路线，提高了统筹规划能力；通过植物识别，认识了“法布尔”内的植物名称，增长了自然知识；通过调研问卷，确定了校园十大最受欢迎景点，提高了探究能力；通过撰写介绍词，明确了介绍内容，提升了写作水平……他们对这些活动乐此不疲，你追我赶，生怕自己被赶超、被取代。渐渐地，原本有些羞涩

的同学，变得更加自信与阳光，小导游们的综合能力得到了大幅度的提升。

“小导游”进行时——一展英姿。

机会总是会眷顾有准备的人。果不其然，2016 年，洪庙小学承办了区级中华优秀传统文化的展示活动，“小导游”们要负责介绍“法布尔”、农耕馆等工作。这可是他们第一次上“战场”，紧张激动的情绪溢于言表。面对 100 余名前来参加活动的来宾，“小导游”们各司其职，有礼有节，从一开始的“小紧张”到走完校园后的“小自豪”，每位小导游的脸上扬起了灿烂无比的笑容。“老师，我感觉非常棒！太自豪啦！”思雨同学兴奋地说。有了零的突破后，他们就更大胆从容了。“下一次客人，我来介绍！”“我来！”还没等大家讨论完，晓琳同学已经上前，微笑着开始介绍了。大家争先恐后地招揽着自己的“生意”。

2019年，“小导游”们还接待了一批来自异国他乡的校长团，虽然他们之间的交流需要专业人员来翻译，但他们用热情的笑容、得体的举止，甚至是生动的肢体语言，向外国贵宾展示着翻译不了的“洪小文化”和“竟成精神”，更用自己的方式，释放着对学校的喜爱之情。

知行合一的实践活动是孩子成长过程中的一场历练。校园导游社，给孩子们搭建了锻炼的舞台，通过体验式学习，超越自我极限。相信，这样的活动会让孩子们一生难忘，受益终身。

**从羞涩到老练，从学生到“小导游”，无平台不会有。**

## “人可”说

让学生进入教育之“窗”，学校要有主动开“窗”的意识和精神。

学生的成长，有一种打开“窗口”的性质。“窗”内和“窗”外，皆有风景，只是要开启。不开“窗”，就是一种封闭，就是一种束缚，就是一种无奈。

这种“窗”，就是打开，让新鲜的空气吹进来；就是洞开，让域外的风景透过来；就是叩开，让闭锁的心灵敞开来。

“小导游”，犹如开了一扇自我锻炼之“窗”。

教育，除了教，还有做的功能。让学生在实战中经历，在实情中体验，在实际中感知。

要相信孩子们的潜力，开发孩子们的潜能。学生最大的优势是模仿能力强，好奇心重，善于接受新事物、新概念，常常会有“奇思异想”。关键在于引导。

# “吉尼斯”达人挑战赛

## 挑战什么很重要

利用孩子的好动，释放孩子的天性，在热情张力的喷涌中展现生命的活力，展示本真的自我。在激烈的挑战中，立下竞争的心念。

为期一个月的校园“吉尼斯达人挑战赛”开始了。

“秀出自我，敢于挑战！”是吉尼斯达人挑战赛的初衷，真心希望每个孩子都能像“小蜜蜂”一样拥有梦想，敢于飞翔，表现出一个与众不同的我。

最先出场来秀的总是校园里的那些“明星”，首先表演的是学校书法社团的欣念同学。在众多师生的注目下，欣念同学信心满满地在现场铺纸挥毫，不一会儿，一幅“好好学习”的字幅顺利挥就，字体十分遒劲，看得出欣念同学是天天读帖、天天练笔的。沪剧社团的家慧演唱的《办喜事》沪剧，字正腔圆，韵味醇厚，获得了大家的好评；学校少数民族姐妹花米热和迪热带来的是新疆舞，舞蹈曲目是《快乐地跳吧》，她们舞姿优雅，也赢得了满堂喝彩；街舞小王子洋洋带来街舞《本草纲目》，动作铿锵，节奏轻快，还和歌颂传统文化的歌曲结合，引人注目；自学音乐的晓逸用口琴吹奏一曲《小星星》，琴声悠扬，大家赞叹不已……

**原本的小孩子“一枚”，这时成了小达人一个，叫人好羡慕。**

看罢听罢后，除了欣喜，也有思考：为什么挑战的项目也都集中在舞蹈、器乐、书法上？为什么老是这些校园“明星”呢？

我们觉得应该调整挑战的内容，让更多的孩子参与挑战。

我们在原先挑战内容的基础上，增加了其他挑战项目，比如：一分钟双飞、一分钟口算、一分钟转呼啦圈、一分钟手工撕纸、一分钟绕口令、一分钟拼图……这些挑战项目的开拓与设定，拓宽了孩子们的思路，增加了他们思考的空间，同样也使得孩子们的挑战有了更多的实践内容。

为了最大化激发与维持他们的挑战热情，我们用“拍立得”记录下小达人们的精彩瞬间，轮回播演，及时更新。我们也专设了“挑战达人”大幅版面，记录挑战达人的精彩瞬间。孩子们在欣赏同学战绩的同时，也勉励自己，校园里形成你追我赶的氛围。

有的同学为了成为擂主，每天在家偷偷练习；有的同学为了超过擂主，缠着擂主传授“秘籍”；有的同学为了蝉联擂主，不断挑战自己的纪录，实现自我突破。越来越多的孩子被大家熟悉，也得到了更多人的关注。二(3)班小李同学参与一分钟速算挑战，成绩从原来的一分钟速算12题，提升到18题；四(2)班晓磊参与古诗词积累挑战，他从原本一分钟背诵4首古诗，提高到了8首；二(1)班文博参与识昆虫挑战，现在的他已经认识将近12种昆虫了。三(5)班的文文是其中最突出的一个，他能在20秒内完成12个侧空翻，被武术老师选中进入了学校武术队，通过半年的训练，获得了上海市武术五步拳第七名的好成绩。

我们发现，这样的活动不但能够让孩子们学会发现自己、欣赏自己、挑战自己、超越自己，还能够让我们的孩子懂得自信与坚强。

**让更多的孩子成为小达人，小达人不断涌现，“功夫”了得，“绝活”惊艳。**

“吉尼斯达人挑战赛”活动虽然结束了，但是孩子们在挑战赛中表现出来的顽强作风、拼搏精神和努力向上、勇争第一的气概，是学校及师生难得的宝贵财富，将激励师生勇敢面对各种挑战，战胜困难，去赢得更大的胜利。

## “人可”说

挑战，在人生旅途中是必不可少的。这不仅因为客观的境遇不同，而且因为主观的愿望不同。挑战，就是面对难度的突破，就是面对不测的淡定，就是面对不确定的稳定。

学会挑战，这是人生的一道必答题。几乎没人能逃脱，几乎无人不曾有，几乎无人能避免。

挑战，对人的考验是全方位的，有生理的，也有心理的；有知识的，也有能力的；有眼光的，也有定力的；等等。

挑战，其实是一种较量，是一种战胜，是一种创生。

让学生展示最好的自己，是教育的推崇；让学生发挥最大的潜力，是学校的功课；让学生获得最大的自信，是教师的希望；让学生赢得最大的荣誉，是学生自己的心愿。

给学生一个展现才艺的舞台，成就小达人的美好愿望，也许他们将来会成为真正的达人。

发现 43

# 五年级“毕业墙”画了什么

## 毕业不是终点

毕业时刻，学生有许多话儿要向母校倾吐，有许多心愿要向老师表露。怎样才能比较完美地留下学生此刻的情愫，让学生的美好成为彼此永恒的经典？

6 月是放飞理想的季节。为了让毕业班的孩子们留下小学生活的美好回忆，老师们绞尽脑汁，想送给他们一份特别的礼物。在德育处和五年级老师的商议下，老师们决定把学校的空白墙壁让孩子们绘画。这是学校给孩子以美好的回忆，也是他们毕业前送给母校的礼物。

**画，是最能形象地表达思想、情绪艺术的载体，承载着学生对学校和老师的思念与祝福之情。**

孩子们知道了那些空白的墙壁将由他们自己做主来绘画时，都拍手叫绝。一下课，就看见他们聚在一起讨论要画些什么。每个孩子都有自己的想法，他们都想把自己最美的记忆和祝福留下。在他们都拿不定主意的时候，班长建议在班队课上，每个人说出自己想画的图，并说出理由。（3）班的孩子们在班会上纷纷发表自己的意见，学习委员说：“我想画一群孩子在长城脚下读书，就像奋发拼搏的我们。”体育委员站起来说：“我是学校竟成梦龙队的一员，我们学校的舞龙队非常厉害，我想画一条龙，既是一种留念，也是一种祝福，希望我的母校像巨龙一样腾飞。”……每一个同学讲完，都响起了热烈的掌声。班主任也觉得他们都说得很精彩，为了表示公平，最后决定投票，票数最高的画则可以代表班级绘画到学校的墙壁上。

在决定了要画什么图案后，他们分工合作，有的负责先在纸上构思、画草稿，有的去准备画画用品，还有的去测量墙壁的大小……他们开始忙碌起来，每位同学都参与到毕业画作的创作中来。

等到约定的那天，五年级每个班级的孩子们一起相约在学校的空白墙壁前。他们反复修改，认真思考、绘画着自己美好的未来，用灵动的笔触和缤纷的色彩将心中梦想的蓝图绘于墙上。（1）班的孩子们绘画龙狮，既展现中华民族优秀传统文化的魅力，又留下了孩子们在舞龙时挥汗拼搏

的回忆。（2）班的孩子们所画的少先队员们正面向国旗，敬献队礼。这一个个意气风发的少先队员，正是五年级孩子们的缩影。（3）班孩子们将学校“法布尔”的景色搬到墙面上，通过桃红柳绿、生机盎然的春日美景记录他们在“法布尔”天地学习的快乐时光……

从此，洪小的校园中又多了一处独特的风景。墙壁上留下的不仅是毕业画作，更是一个个七彩的童年梦，是孩子们对未来的憧憬，是努力进取的许诺。

**是风景，但又岂止是风景。那道墙，是矗立在学校育人理念及其创意之巅的大画卷。**

## “人可”说

毕业，也许是一段学业的句号，但不是教育的结束。

典礼，往往给人们以仪式感。

于是毕业典礼，成为学子离开母校前的“最后一幕”。学校想给学生留下些什么，学生也想给母校留下些什么，这又是一个教育的寻思和教育的契机。

设置“毕业墙”，不仅给学生写上文字、提供“黑板”画上图案，而且给学生的心灵放飞提供展翅的平台。写，是一种情怀；看，也是一种感受。教师从中也可以看出点名堂，从而对后续的教育有所裨益。

教育应恰到好处，育人要沁人心脾。好的善意，成效事半功倍；新的创意，终生令人难忘。教育做到这个份上，算是摸到了教育的脾气，具有了教育的禀赋。

洪小一直在追求，始终在超越。添上最亮的彩笔，画出最美的风景，培育最好的人才，是洪小教育的目标。

发现
44

# “小岗位”竞聘催化了责任意识

## 有“心”插“柳”

教育就是出思路，有了思路，海阔天空。思路基于对学生的爱，对教育的爱。

思路是用心的结果。一个小思路，可以炼成大变样。

参加值勤的老师经常发现，走进班级，看到孩子们无所事事，地上的垃圾没人捡，桌子歪了没人排……光靠几个班干部，作用不是很大。而班主任教学任务繁重，不可能一直在教室里看着孩子们，有时也有心无力。在班主任会议上，大家纷纷讨论，应该怎样使得班级管理既轻松又有效？

根据班情，设置岗位。班主任根据自己班级的实际情况，设置菜单式岗位，力求让每一位学生都能在班级中找到适合自己的小岗位。"黑板美容师""讲台整理员""花草美化师""电脑管理员""仪表检查员"……并罗列出对应的主要职责。

竞聘上岗，择优录取。岗位设置完成，每一个孩子对照岗位，先分析自己的优势所在，再综合各岗位的难度系数，填写岗位申请表，自由选择竞聘。有的岗位有多位学生申报，为了充分尊重每一名学生的选择，老师利用一节班会课，让他们上台陈述自己申报的理由，公开竞选，由班级内的同学投票决定谁比较适合这小岗位。票数最高的孩子则获得他申请的小岗位。这样通过孩子们自己参与，公开、公平选出的学生是孩子们眼中最负责任、最合适的。不知不觉中，既培养了他们的责任意识，又激发了他们的竞争意识。

还有老师没有想到的岗位，学生也提出了申请，由他们自己来增补岗位。有孩子说："老师，我觉得我们班级需要一名会计师，帮助老师统计同学获得小蜜蜂章和每月的积分卡发放。""小小会计师"岗位就此诞生了。学生自己增补岗位，增加了他们的主观能动性。

有效评价，良性循环。有的学生当上了岗位负责人很高兴，工作也很负责，但时间长了，也会出现懈怠。针对此问题，老师设立了一个岗位评价机制，由老师、同学、竞争者在每周的班会课上来评价各个岗位

**自己的岗位自己设，自己的事情自己管。**

负责人的态度是否认真负责、能否及时完成本职工作、同学对其工作是否满意等方面，对其一周的工作做一个综合评价。如果岗位负责人不称职，则会被解聘，由其他竞争者再竞争上岗。这样的评价机制，不但提升了岗位负责人的责任心，也让孩子们在评价他人的同时，找到自己身上存在的不足并改正，自己也在慢慢进步。

逐步内化，形成长效。现在，走进教室，孩子们都有自己的事情做。一下课，“桌椅小能手”便开始排桌子，“垃圾督查员”在教室里捡垃圾，“窗帘升降员”帮老师拉起窗帘……平时学习上比较有困难的小航同学，自从担任了班级的“仪表检查员”，他每天都很早来到班级，站在教室门

口，检查同学杯子、手帕、手指甲。这份工作的责任心，也潜移默化到了学习之中。他的学习有了进步，也更有自信了。自从实施人人竞聘小岗位的措施后，班级中也形成了一种人人有事做、事事有人做的良好氛围。

**能让学生分担责任，是教育的成功，是成长的象征。**

人人都有一个班级小岗位，让每一位学生成为班级的主人，培养了他们的责任意识；竞聘上岗，择优录取，提升了他们的竞争意识；让每一位学生得到锻炼和展示的机会，树立了他们的自信心。实践中，让每一位学生都品尝到为集体、为他人尽责的辛苦和幸福，学会尊重他人，提升班级凝聚力。

## "人可"说

责任心的培养，是一个大课题：对自己负责，对他人负责，对集体负责，对家庭负责，对学校负责，对社会负责，对祖国负责，对人类负责。这一路的负责，其实正是人来到世间必须做到的。

责任心的培养，需要身边一个个小小的切入口，不以善小而不为。

班级，是学生的共同之家，每个人都是主角，都应当有自己担负的角色。这个角色，不是当了班干部才有的，也不是弄了个组长才顶上的，要让每个学生从小事做起。设置"小岗位"的意义在于，让责任共担，让责任分担，让责任有担。

班级管理是门学问。因为学生不同，所以没有现成不变的样式和普遍适用的答案。正因为如此，才使班级和学生管理变得具有挑战性，具有无穷的创意组合，体验班主任工作的乐趣。

原本是消极的状态，因一个办法而使学生个个争先，人人创优。这还得感谢学生。

# 第八篇

# 家校有育

家庭与学校，永远是教育中的两端。一头连着教育的使命，一头连着百姓的福祉。

家庭，是学生成长的“处女地”，家长是“第一任老师”，这个定义不论社会如何发展、技术如何进步，都是百年不变的经典，也决定了家庭教育的地位，决定了家长职责的方位。

学校，是学生成长的“耕耘地”，老师是“引路人”，这个判断直至今天仍然富有意义和价值，决定着学校教育的定位，决定着老师作用的席位。

家校，永远是一个待解的教育之“结”。这是一部协奏曲，由家长和老师共同弹出；这是一首曲子，由家长和老师共同谱就。

家校的协力比什么都重要，家校的齐力比什么都需要，家校的合力比什么都必要；否则，就是一盘散沙。

学校、家庭、社会，撑起教育的一片蓝天。其中，家庭教育、家长养育对学生的健康成长有着不可替代的重要作用。有序开展，措施到位，共情陪伴，参与管理，是家校合育的主要内容。发挥好学校、家庭“两只手”的协调作用，全情参与，合力施育。

家校有育，是讲教育的平衡，是讲空间的对等，是讲角色的匹配。

家校有育，要发现的是教育在学生身上产生作用的“共振点”，要发现不同时空学生成长环境的“相向性”，要发现避免不良影响对学生负面作用的“携手状”。

A类火灾
B类火灾
C类火灾
D类火灾
灭火器展示柜

发现
45

# 重新“发现”彼此

## 并不“危言耸听”

孩子与父母近在咫尺，似乎没有空间距离，但不等于能做到彼此“发现”，也不等同于“发现”彼此。

有的落差，有的误会，就在暂时无法“发现”时产生隔阂和不解。而有的“发现”却完成了一次美妙的教育诗篇。

植树节来临之际，学校组织“全家总动员，共植一片绿”的活动。

活动当天，家长和孩子们来到海湾森林公园。“三口之家”其乐融融，父母和孩子一起挖坑、扶树、铲土堆泥，共同种下一棵树。

小宣，被家里视为“掌上明珠”，在父母眼里更是个衣来伸手、饭来张口、十指不沾阳春水的“小公主”。植树开始，她不小心脚下一滑，摔倒在水坑边，身上、脸上、手上霎时间弄得脏兮兮的。爸爸以为这下“小公主”要哭了，然而却看见小宣利索地爬了起来，拍拍身上的泥，满不在乎地说：“爸爸，我们继续吧！”一个多小时的种植，小宣简直就像“小超人”，手臂酸了，甩甩继续种；脸上流汗了，擦擦继续干……爸爸看着这个脏兮兮却乐呵呵的小姑娘，满意地笑了。种树时，爸爸麻利的动作，对种树的见解，让小宣心里感到“爸爸也是个好把式”。

事后，小宣父亲对班主任说：“通过这次植树活动，我发现，原来孩子也爱劳动，作为家长应该要更加细心地了解自己的孩子，还要更加耐心地陪伴孩子一块成长。”

能让大人顿悟的往往是一段经历，能让孩子体会到父母的用心，又何尝不是那一段难忘的经历呢？

学校的“亲子接力比赛”正在

**孩子与父母的关系，不仅是上下辈需要照应的“辈分”关系，同时也是对等的需要彼此体察的“发现”关系。**

操场上进行，两边的观众不时发出“加油”的阵阵助威声。选手们争先恐后地飞奔，气氛热烈，争夺激烈。此时，小园的爸爸拿着接力棒飞速向前，由于用力过猛，重心不稳，弯道奔跑时，摔了一跤，裤子都磨出了一个大洞，膝盖流出了鲜血，但他顾不上这些，迅速爬了起来并瘸着腿继续向前跑去，直到终点，笑容始终荡漾在脸上。

**真实情景下的“发现”，不仅看见不平凡的一幕，而且明白不一般的道理。发现的真谛，也许比灌输的来得有景、有力、有范。**

这一组滚动的镜头，看得最仔细的是他的儿子，儿子由开始的担心和犹豫，到后来的呐喊助威，再到最后的惊异和钦佩，一种意识和情感油然而生。他既看到了父亲的勇敢，也看到了父亲的坚强，更看到了父亲的责任。“爸爸，是我的榜样。”小园更坚定了这个想法。

“妈妈拼命跑步的样子很美啊”，这是小玥对母亲的赞美。

小玥的妈妈长得比较胖，平时也不怎么喜欢运动，走路总是慢吞吞的，但是今天在亲子运动会上的她，好像换了个人似的。跑步开始，口令还没有发出，她额头上的青筋突露，一声令下，射箭般跃出，而后一直咬紧牙关拼命奔跑。尽管气喘吁吁，尽管落下一大段，但她没有放弃，继续向前、向前。显然，跑步的名次不再纠结，重要的是完成了任务，那个不怕自身困难，不怕失败、挑战自我的精气神儿，不能没有。

在终点，面对刚跑下场，满脸通红的母亲，小玥伸出手指点赞，指着自己的妈妈，自豪地对小伙伴说：“那是我妈妈！”这一份骄傲已深深地镌刻在她的心里。她发现，妈妈是这样伟大和有力量。

类似这样的亲子活动，学校每年都会开展。每次活动结束后，许多孩子都更深一层地“发现”这样一个事实：其实，他们的父母都是了不起的，他们都值得自己尊敬、仿效和学习。

**发现对方，其实也是发现自己。孩子与父母互相“发现”，真实的教育就能发生。**

## “人可”说

教育，从某种意义说，就是发现：发现真实，发现常识，发现真谛。

发现真实，是看到事实的存在，并产生尊重事实的本义；发现常识，是了解常识的走向，并产生依据常识的意识；发现真谛，是懂得规律的作用，并产生遵循规律的坚定。

发现，也决定着教育的影响、教育的价值、教育的功效。

人际交往中的“发现”，需要洞察、体悟和琢磨。

孩子与父母之间的“发现”，潜在的意义大于显性的判断。彼此“发现”，“发现”彼此，也就能彼此成就。学校就是要多做创造彼此“发现”和“发现”彼此的“合家欢”。

发现
46

# “亲子社团”诞生记

## 调动家长的积极性

自主管理，同样适用于家长。在亲子陪伴中，家长的作为十分重要。

家长中有不可忽视的亲子陪伴积极性，也不乏有好的主意。家长积极性调动起来之日，就是亲子陪伴氛围形成之时。

洪庙小学倡导每个家庭培养良好的家风家貌，希望让每一个家庭都拥有梦想，让每一个孩子能够在父母的陪伴下快乐成长。但“陪伴”二字，说来简单，做起来却实属不易。我们把落脚点放在“亲子运动”上，希望通过最简单的互动形式，让每一个家庭拥有“陪伴时光”，让每个家长养成用心陪伴孩子成长的良好生活习惯。

2016学年的期初家委会会议中，德育处刘老师提出了这样的倡议：希望家长们运动起来，让运动成为洪庙小学的家庭新风尚，创造健康、美好的亲子时光。家委会主任李天峰立刻拍手叫好，并表示自己早有成立“亲子篮球社”的想法，好多次孩子在周末时想找人打篮球，却苦于没有场地和同伴。如果能够以家委会的名义成立“亲子篮球社”，那既能满足爸爸和孩子们的兴趣爱好，也能作为家委会课程部本学期的重点工作。“你们男士和男孩子去打篮球了，那咱们女孩子也得办个课程，这样才能满足不同家庭的需求嘛！”这时，志愿者部部长“活力奶奶”杨澄提出了宝贵的建议。于是，在大家的头脑风暴后，家委会课程部决定成立2016学年家委会“篮球社”和“集体舞社”。

**家长的倡议，正是学校亲子教育内容与方式的补缺，并决定着日后亲子陪伴质量的成色。**

要成立社团，指导老师是关键。谁来担任课程的指导教师？如何招收学员？学员的年龄、人数是否也得提出要求？开课时间和地点放在哪里？大家热烈地讨论着，课程部将讨论内容一一梳理，形成了篮球社和集体舞社的“招募令”。宣传部部长张从军将两个社团的招募信息做成海报，张贴于学校大门口，并在学校微信公众号上进行了网络宣传。大家铆足了劲，保持微信和手机畅通，等待学员们报名。

想法很完美，然而，“招募令”公示一周后，冷冷清清的报名局面给

大家伙的满腔热情浇了一大盆凉水。虽然报名的手机、微信静悄悄的，但大家依旧抱着一丝希望等待着。等待有了结果，持续两周的报名结束后，集体舞社招收到5组家庭，而“篮球社”仅招收到3组家庭。但无论如何，毕竟有人报名了，那就如期开始课程吧！

周日的傍晚，学校篮球馆和舞蹈房灯火通明，在“篮球社”社长李天峰的带领下，3组家庭进行拍球、运球、投篮训练。每次课程结束前，李社长都会举行家庭联合友谊赛，有时比拍球接力、有时比投篮进球……每次获胜家庭都能够得到李社长的小蜜蜂章奖励。孩子和爸爸们在篮球场上挥汗如雨，享受着运动的快乐。

校园另一角的舞蹈房内，社长杨澄请来了社区舞蹈爱好者张阿姨教大家跳舞，“一二三四，二二三四……”妈妈和孩子们跟随着张阿姨的脚步，伸手、弯腰、扭头、转身，认真学习集体舞。虽然学员们的舞步是稚嫩的，动作也略显僵硬，但这丝毫没有影响大家的学习热情。

课间休息期间，家长们、孩子们闹成一片。家长们交流孩子们平时的学习情况和家庭育儿观念，互相指点篮球或舞蹈的基本动作等；孩子们则一起玩耍、一起聊天、一起打球或跳舞……家庭和家庭之间走近了，孩子和孩子之间萌生了友谊，大家互相鼓励，互相认可。

**自主性最具持久性，达成度也最高。不是吗？**

渐渐地，有更多的家庭加入了家委会运动社团，终有一天看到了一个庞大的队伍。从最初的无人问津，到后来需要选拔参与，家委会社团不断壮大。每周日，校园中总是洋溢着和谐、融洽、活跃的运动氛围。在这个场面的背后，我们发现人与人之间的关系更紧密了，母女像姐妹，父子像兄弟，家庭和家庭之间有了新型的融洽关系，这都是亲子社团所带来的。

## “人可”说

家庭，永远是孩子成长的摇篮，家长是“第一任老师”。这个定位也许永恒不变。因此，亲子关系的质量如何，直接影响教育的程度和效度。

在亲子关系中，密切、良好的互动需要有具体的载体。运动，或许就是亲子关系的“催化剂”。

都知道亲子陪伴的重要性，但真正实施起来困难不小。在学校、家长、学生三者中，家长起着主导作用。

家委会，牵挂学校和家长两头。提升有效运作程度，发挥纽带联系作用。

调动、发挥家长积极性，提高家长认识，是亲子陪伴的关键所在。家长参与了，陪伴就有了。

发现 47

# “亲子小实验”趣味在哪里

## 不同于一般的实验

教育就是实验，亲子关系也在尝试和实验中得到验证、增强。

实验提供的场景、形成的氛围，具有诱人的魅力，亲子共同参与实验，更有不可抵挡的共情力。

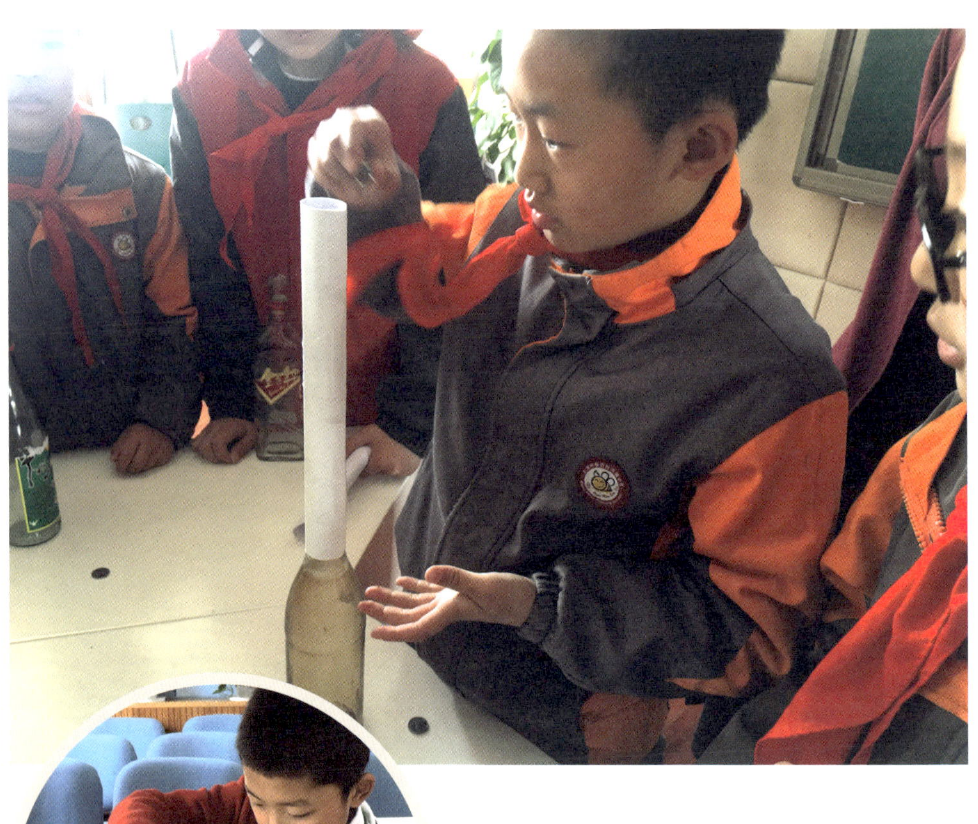

“自然节”是学校的校本节庆，我们提倡家长们在家中尝试做做“亲子小实验”，近距离探究其中的奥秘。

如何选取实验内容，也有一定讲究。小实验既要符合孩子们的认知特点，吸引他们眼球，又要符合“小”的特性，简单易动手，最关键的是要保证安全。

家长带着孩子，孩子推着家长，开启了一场家庭实验选材热潮。吃过晚饭，一家三口围坐在电脑前，边查找，边讨论实验内容。爸爸们喜欢冒险，就鼓励孩子进行蚱蜢、螳螂等相关动物的研究；妈妈们偏向保守，就鼓动孩子进行浮力等最简单的小实验；孩子们喜好新奇，又比较心急，只想完成一下子就能知道结果的小实验。这时，《让孩子着迷的 77×2 个经典科学游戏》这本书进入了他们的视线，书中的实验名字格外新鲜有趣，实验的内容也充满挑战性。

就这样，家庭变成了小型“实验室”。

小可家庭想知道“牛奶瓶是怎么吃鸡蛋的？”在爸爸妈妈的帮助下，他们找齐了实验材料。实验开始了，爸爸妈妈帮孩子把牛奶瓶在开水里一烫，孩子拿出烧熟了的剥了壳的鸡蛋，放在牛奶瓶中。哦！好家伙，鸡蛋竟然一点一点缩小，慢慢朝牛奶瓶中掉落。看到这一幕，一家三口欢呼雀跃，家长们仿佛回到了童年时光，和孩子一起欢笑，一起手舞足蹈。

实验一次就成功了，是什么神奇的魔力让鸡蛋有了如此变化？全家又忙开了，孩子用绘画的方式将实验过程记录下来，还在鸡蛋旁边标上了向下的箭头。有的家长不知缘由，经上网搜索发现，原来是热胀冷缩原理，给了牛奶瓶吃鸡蛋的勇气。

**体验过程，享受过程，亲子陪伴原来可以这样。**

琪琪家庭想知道“玻璃球穿墙功”是怎么回事。他们找来玻璃球、啤酒瓶、白纸和一枚一元硬币。孩子把硬币放在啤酒瓶口、白纸卷成圆筒盖住酒瓶，把玻璃球缓缓放入纸筒口，只听“咚”的一声，玻璃球并没有落入瓶中，直接砸在硬币上。反复实验几次，得到同样结果。一家人围着实验装置看了又看，不得其解。哪怕实验失败，他们也不放弃，思索讨论分析失败的原因。这时，桌子上的五角面值、一角面值的硬币引起了他们的注意。他们分别用这两种硬币做实验，惊喜地发现玻璃球成功穿墙。玻璃球落进瓶子的一刹那，家里沸腾起来，不管大人，还是小孩，都发出了爽朗的笑声。他们发现：一元硬币太厚太重，玻璃球无法让它弹起来。一家人从实验中学会探究，也增进了亲子间感情。孩子还将这有意思的过程用文字记录下来，变成了一篇有感而发的小作文，字数虽少，但字里行间都透露着他的快乐。

**在验证科学实验的同时，也在验证家庭的亲子关系，加固亲子“堤坝”。**

家庭探究氛围浓了，亲子小实验也就成功了。更可喜的是，亲子陪伴也随之升温提质。

## “人可”说

家长的陪伴，对孩子来说，有时胜过物质上的关心。陪伴，是身体温暖的介入；陪伴，是促膝谈心的深入，是心灵交融的切入，是眼神回眸的投入。

陪伴的意义，不仅有时间上的，也有空间上的，更有心灵上的。多层面、多组合、多方面的陪伴，不仅给予孩子安全感，也给予孩子温馨感，是童年、少年时代的金色阳光。

亲子，要在“亲”字上做文章，向“亲”的方法要质量、要效果。

要完成一个小实验，需要众多步骤逐一准备，一家三口共同参与。乐在过程，喜在结果。一次小实验，就是一次亲情的加深、亲子的培养、彼此的了解。

小实验让一家三口共添成功乐趣，同享幸福时光。

发现
48

# “亲子才艺秀”的深意

## 创意中的本义

家委会既是家校之间的联系桥梁，也是锻炼家长管理能力的平台。

家委会改选，也得改一改传统的老办法了。让家长动起来、亮开来，带着亲子共同上演一场竞选秀。

浩浩的爸爸是学校家委会中的一员。

每次学校有活动，他总是冲锋在前，做起事来任劳任怨。但听到家委会改选要进行亲子才艺秀这个事，从来都没经历过的他，心里也直犯愁。

这时候，浩浩同学却成了说服爸爸参与活动的“小小调解员”。他把老师班会课上的讲话“转达”给了爸爸：每个人都会有第一次，第一次走路，第一次说话，第一次写字，没有一个技能的获取是与生俱来的，都需要自己坚持不懈的努力。学校开展亲子才艺秀，就是借助家委会改选这样一个平台让更多的家长参与到亲子活动中，让更多的家长和孩子一起成长。

道理说了一大堆，浩浩对爸爸说：爸爸别怕，学校特地邀请大队辅导员、艺术辅导员进行手把手指导，从内容、演绎形式等角度着手，给出专业性的建议。爸爸一听，说：那好。

接下来的日子，浩浩和他的爸爸接受了几次专业指导。练习中，父子俩相互鼓励。最令浩浩高兴的是，自己似乎给了父亲力量。

当浩浩父子出现在舞台上时，他们阳光自信，尽情展现着亲子的风采。协调统一的动作表演，温暖的眼神交流，看得出，表演得十分默契，赢得了台下“观众”的热烈掌声。

**看来，是孩子成就了爸爸的“竞选”，亲子的力量好大哦。**

同样享受这份表演之乐的，还有一对特殊的“亲子”，这是一对奶奶和孙女的组合。佳佳奶奶是大家公认的“老舅妈”，哪个家庭遇到棘手问题，就会热心调解。除此之外，她还是一名艺术爱好者，唱歌、跳舞信手拈来。她对艺术的热爱在潜移默化中影响着她的孙女。

放学后，奶奶打开网络视频，带着孙女一同学习舞蹈动作。孙女没有舞蹈功底，做出来的动作怎么也不好看，奶奶不厌其烦地一遍遍指导，嘴里还不停地鼓励：宝贝，你真棒！动作做得一次比一次好。双休日，奶奶带着孙女来到服装店，采购演出服。夸张的服装，孙女不敢尝试，奶奶就先试穿，说，宝贝，奶奶一把年纪都敢穿，你有什么好怕的呢？

看着奶奶自信的模样，孙女也渐渐放开自己，在舞台上绽放光彩。原本那个略带羞涩的孙女在奶奶的带领下，变得亭亭玉立，讲话铿锵有力，让人刮目相看。

儿子鼓励父亲成功了，奶奶鼓励孙女成功了，亲子才艺秀就成功了。

**这回是奶奶的自信，克服了孙女的羞怯，可能从此会改变孙女的人生道路。**

如今，参与亲子活动的家庭越来越多，而展示亲子才艺的舞台也越来越大。校园里，是孩子与家长们精心排练的各种才艺，家长们的朋友圈里是他们和孩子一同健身、一同唱歌、一同跳广场舞的身影……因为我们的父母深知要让孩子成为什么样的人，自己就得努力成为什么样的人；而我们的孩子，也在这陪伴、互动和体验中，感受到了关注，增强了自信。

## "人可"说

家委会改选，似乎是例行公事。如何让这种程序性的习惯动作具有人文化的注入，产生新的特质，是很有探索寻味的。

把亲子才艺表演移植到家委会改选，并不在于形式，而在于倡导一个理念——亲子关系和亲子陪伴。就是这种习以为常的改选，一旦注入了亲子的元素，表现的形式有变，形态也有变，形势更有变。

把亲子才艺表演移植到家委会改选，又是一次成功的尝试。

当今社会的高开放度、高融合性，不仅要求孩子具有活泼开朗、阳光健康的性格，家长其实同样也需要具备这一特质，尤其是家委会成员。

在亲子活动中，父母和孩子都在相互改变着自己，共同进步。

发现
49

# 做“蚯蚓塔”引出了什么

## 环保可以这样做

当今的环保，理念与时尚并重，科技与措施并施。环保观念，已日益深入孩子心里。

环保，首先是发生在人们居住的环境中。从居住的环境落实环保措施，开展环保教育，是恰当的自我教育和参与社区环保活动的爱心教育。

环保既是理念，也是责任；既是自我守法，也是义务奉献；既是学习科学知识，也是运用科学知识保护环境。当环保成为人们品德品行与积极参与的标配时，环保才能真正产生。

随着小区养宠物的人越来越多，宠物粪便处理便成了社区治理一大难题。洪庙社区环境污染，绿化受损，邻里关系不融洽，怎么办？没关系！二年级十组亲子家庭来到居委会，小手拉大手，一起制作小小“蚯蚓塔”，帮助大家解决这一难题。

可什么是“蚯蚓塔”？“蚯蚓塔”的用途是什么？大家一头雾水。别着急，听一居委主任彭阿姨给大家娓娓道来：“蚯蚓塔”顾名思义就是用蚯蚓搭成一座“塔”。我们需要将开了若干小洞的管子插入土中，将蚯蚓、宠物粪便和瓜果皮等有机物一起放到管子里面。勤劳的蚯蚓会通过小洞在管子里钻进钻出，把腐败的有机物当成食物，既能松土还能增加土壤的肥力，蚯蚓排出的粪便无毒无臭，含有机物及多种氨基酸，是优质有机肥……

一居委的王叔叔给大家讲解了垃圾分类的意义，认真指导孩子们如何正确分类投放垃圾。你瞧，听完讲解的孩子们俨然成了一位位小小宣传员，即将带着神圣的责任感走街串巷发放垃圾分类宣传资料，争做文明小市民！

**将新科技、新理念引入学生环保活动，寓意高起点，给予新鲜感。**

哇！原来“蚯蚓塔”这么神奇呀！听完讲解，孩子们在大人们的指导下，迫不及待地开始动手操作了。“蚯蚓塔”不仅有环保的功能，在白白的管子上作画，还能起到宣传的效果。于是，亲子组合拿出画笔，你一笔，我一笔，在蚯蚓塔上大做“文章”。小美在妈妈的帮助下，用红色画笔写下“文明养宠物，打造美

湿垃圾
干垃圾
RESIDUAL WASTE
一次性餐具
餐巾纸
卫生间用纸
一次性尿布
污损塑料袋
尘土
大骨
庙一居委
类志愿者

好家园”几个大字；小明在爸爸的提议下，将“蚯蚓塔”几个大字落在上面；小圆在伙伴的配合下，画上太阳、蚯蚓、白云、土壤等元素，“蚯蚓塔”的意思跃然纸上。画好了宣传图画，可不能漏了最关键的事情。爸爸妈妈借来打孔机，孩子们协助大人固定，不一会儿，“蚯蚓塔”底部的小孔完成啦！就这样，一个个色彩鲜艳、图案美观的“蚯蚓塔”就做好啦！看着自己亲手制作的“蚯蚓塔”，亲子相视而笑，互相肯定对方的劳动成果，高兴得拍手叫好。

孩子们将无限创意和巧手，将单调的“蚯蚓塔”装置变换成各种图案花纹，为美化小区环境锦上添花，也懂得了环保知识。作品完成啦，安装又成了另一道风景……

**当有真情实感的情景出现，亲子的互动才会真正发生。**

## “人可”说

教育是让学生尽可能地接近社会倡导、贴近时代呼唤、走近现实生活。其实，学校就是社会的一个组成部分，但是，仅仅让学生待在学校还是不够的；其实，社会才是学校的整体组成，只有学校校园一地的概念，是不完整的。

让学生在找准与社区实际需要的适切点为入口的活动中锻炼，对于学生的知识补充、阅历丰富、能力长进、智慧生成、思维发展等，都是极有裨益的。

教育就是要让学生在理念与现实的碰撞中获得认知的提升、观念的更新、看法的改变，这与书本和课堂上的教育是相辅相成的。

故事中的“蚯蚓塔”，既是生物环保的科技之塔，更是学生增长环保知识、历练人生阅历的成长之塔。

发现 50

# “断舍离”，学生体验美好生活的“向导”

## 在舍弃中学会获得

对于小学生的成长，教育多是在做加法。但是，有时教育也要让学生做做“减法”。如同四则运算，只会做加法而不懂做减法，是教育的失败。

让人们把既有的东西移除、去掉、舍弃，往往心有不甘。旧的不去，新的不来。这些道理虽然都懂，但是真正做起来却难度不小。问题在于观念。

教会学生舍弃“累赘”、抛弃“多余”、离却“不用”。通过这样的具体事例，还能隐约地教导学生如何向昨天道别、向过去告别、向既往握别。

现在的孩子都是“十指不沾阳春水，百般家务不近身”，劳动教育缺乏的情况，着实让人担心。如何让学生能真正劳动起来呢？

以往，老师们都会让孩子上传做家务的照片，但是真正了解了“照片”背后的意义后，我们不寒而栗。因为大部分的照片都是为了拍照而做，拍完就不做了，这只是为了完成老师布置的一个作业。

怎样使学生真正爱上劳动呢？我们想通过创设学生喜欢的情境，将劳动教育以有意思的形式打开，让学生不仅学会劳动，而且通过亲身实践体会到劳动改变生活、劳动优化生活的快乐感和成就感，从而真正地爱上劳动。

活动一：了解“断舍离”。每到换季的时候就是大家最头疼的时候，忍不住想要买新衣服，但是衣柜已经被塞得满满当当，新衣服都不知道要放在哪里，想要收拾又不知从何着手。杂物管理咨询师山下英子在自己的书中推出一个概念叫“断舍离”，主张人们断绝不需要的东西，舍弃多余

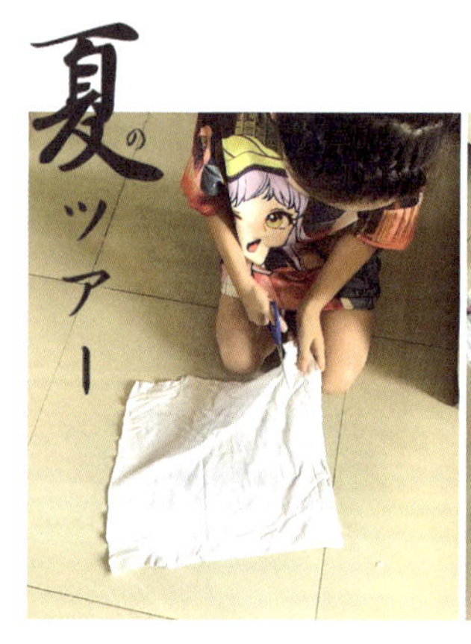

T恤变身抱枕　二(2)时若影

的东西，脱离对物品的迷恋。“断舍离”是一种家居整理、收纳理念与法宝。

**用适合的名家名言为想要开展的活动找到正确的打开方式，引起学生认识共鸣和形象喜爱，是营造氛围、先声夺人的宣传“痛点”。**

活动二：衣服“叠叠乐”。小乐平时在家比较懒，从来不做家务，但当他看见自己的同学在微信上热火朝天地讨论着如何叠衣物的方法时，他有些心动了。有的同学上传了自己满头大汗正在整理自己衣服的小视频；有的上传自己衣橱“大瘦身”的照片；有的上传了自己研究出的叠衣服的小窍门……同学们都分享着美丽劳动的瞬间与成果的展示。小乐终于忍不住了，他在妈妈的指导下，也加入了“衣服叠叠乐”的活动。看着自己整齐的衣橱，他露出了满意的笑容，因为这是他第一次劳动的成果。

在“叠叠乐”活动中，孩子们不仅学会了整理、收纳、给不同季节衣服划分“界限”，还解锁了很多叠衣服的小妙招，体验了参与的快乐、创造的美好、付出的幸福，让居家生活更温馨。

活动三：旧衣大改造。随着生活水平的提高，现在越来越多的旧衣服弃之可惜，放着又占地方，那这些旧衣服究竟还能干什么呢？老师在网上发起了讨论，班中的学生分成若干个小组，针对“旧衣去哪儿了”开展了形式多样的调查，他们通过上网查找资料、设计调查问卷、询问大人……有一小队想到了一个好主意——“旧衣大改造”，让它们华丽变身。

这不仅是对孩子们奇思妙想的一次考验，也是对他们动手能力的一次检验。说干就干，他们组成几个实践小组，积极商讨，绘制改造流程图，回家动手制作。

孩子们在父母的帮助下，将不穿的衣服、破旧的裤子做成了收纳盒、袋子、抱枕、布娃娃……他们让每一件不穿的衣物，物尽其用，实现了旧衣物的再利用，激发了学生的创造力，充分锻炼其动手实践能力。劳动、环保、节俭的概念不再停留于口头，学生的审美也在潜移默化中被提升。

活动四：衣物传“心意”。以爱传递希望，梦想也会散发五彩的光芒。另一个小组想到了——衣服传“心意”。他们通过查阅资源，知道了如何捐赠闲置的衣服给有需要的人，让自己不用的旧衣继续发挥它的光和热。有的孩子拿着整理好的衣服放入小区衣物捐助箱；有的孩子则通过网上的信息，寄给山区有需要的人们；还有的则在父母的陪同下，索性在小区门口摆起了地摊，让有需要的人来取……这一个小小的举动传递“心意”，温暖人心。

**“断舍离”活动终有结束的一天，但是良好习惯的养成、正确方法的使用却将陪伴学生终身。“分享”的过程并非画蛇添足，而且实为必要，亮点再现。**

## “人可”说

向生活要育人“养料”，向创意要成长能量。一个好的创意胜过冗长的苍白说教。以生活为支点进行的育人教育，最能打动孩子的心灵悸动，最能拨动孩子的感情末梢。

教育本是从生活中来，所有的知识及其体系都是生活经验的提取、总结、升华。结合生活实际的教育，应该成为学生核心素养养成的重要来源。

做好身边事，干好分内事，是学生良好品德、积极入世意识的基本要求。从身边事做起，从自己事干起，是学校一贯的育人主张；从项目开展、搭建平台入手让学生有历练的机会，是学校向来的倡导。

教育本无禁忌，育人随处发生。当教育思路有点短路时、育人办法有点穷尽时，不妨向浩如烟海的鲜活生活索取点子。只要敞开胸怀，就会慷慨赐予。

发现
51

# 油盐酱醋，小鬼当家

## 向生活要成长

家庭厨房与料理，是最寻常、最平凡、最烦琐且与人们联系最密切的生活内容，锅碗瓢盆、油盐酱醋的家庭生活交响曲每天都在厨房上演。教育告诉我们，看似最不起眼之地、最被忽略之处、最习以为常的方式，却是发生教育的最佳之地、最美之处、最好方式。

以小见大，当是教育的“惯用”方法；对接生活，应是学生成长的常用“秘方”。尤其对于小学生，为人做事、明理达义的教育，完全不必舍近求远，只要眼睛向下、目光聚焦，就能发现育人启迪的事例就在身边、就在家庭、就在学校。

从生活实际的能动体验中获取经验，是成长历程中极须补上的必备课程。

炎炎夏日，厨房成了家中最热的地方，看着爸爸妈妈辛劳地洗菜、做饭，大汗淋漓的样子，放暑假的孩子们又有什么可做的呢？学校组织一年级学生走进厨房，开启“油盐酱醋，小鬼当家”大行动。行动分为四个板块，即“瓶瓶罐罐大清洗”“保质期大调查”“调味品‘辨辨辨’”和“调料妙用大盘点”。

瓶瓶罐罐大清洗。家中的调味罐是容易产生油腻、滋生细菌的地方。一年级孩子面对黏糊糊的调味品罐，无从下手。在家长的指导下，孩子们将瓶盖拧紧，一手扶住瓶子，一手用百洁布认真地擦拭。有的同学向爸爸妈妈请教擦拭小妙招、有的上网搜索清洁好方法：面对顽固污渍，抹一点洗洁精或牙膏在瓶面上，反复揉搓，瓶子就能变得干干净净！同学们在清洗瓶罐的过程中，寻找家务劳动的巧方法，让家中的调味罐焕然一新，厨房一角变得干净整洁，他们用劳动给炎热的夏日增添了一份清爽。

保质期大调查。中华美食文化源远流长，调味品就是其中一朵美丽的奇葩。为了做出可口的饭菜，家家户户的调味品都不少。但调味品每次所需的量很少，因此一大瓶调味品可以用很久，特别是麻油、香醋等非常用的调料。为了保障自己和家人的健康，学校组织孩子们对调味品进行了一次保质期大调查。孩子们仔细寻找瓶身上的生产日期、保质期，计算调味品可使用的时间，将过期的调味品进行垃圾分类，确保每一瓶都在保质期内。通过孩子们认真仔细查对和“果断”处置，既整洁美观了厨房，又免却了家人健康安全隐患。

调味品“辨辨辨”。一年级学生对调味品的认识有限，他们能够看懂调味品上的名称，但如果离开了“名称罐”的调味品，他们还能分辨出各种不同的味道吗？学校组织开展“调味品‘辨辨辨’”游戏，鼓励家长尝试用“油盐酱醋”作为亲子游戏的道具。于是，孩子们和爸爸妈妈一起用摸一摸、看一看的方式感受盐和糖颗粒大小的不同；用闻一闻的方式辨别

麻油和菜籽油、酱油和醋……“辨辨辨”调动孩子们用不同感官来探究调味品性状的奇妙世界，让孩子们尝试从不同的角度感受周围的事物。

调料妙用大盘点。学校给一年级同学带来一道开放题，希望孩子们和父母一同探究调料的妙用。调料除了能够丰富菜品的味道，让大家享受到美味的佳肴，还有什么别的用处？孩子们对这道题产生了疑惑。家长们带领着孩子，依托网络媒介搜索关键词——调料的妙用。出乎孩子们的意料，网上说“用盐可以擦掉铜器上的黑点”“每天早晨嘴里含一含淡盐水，可以清洁口腔，消除口臭，减轻牙龈肿痛”“门锁用久了，开门时特别难打开，可以用棉花棒蘸一点食用油，涂抹在门锁上，开锁就能变得灵活了”“如果白醋过期了，别扔掉，可以用来洗脚，能够软化脚上的脚皮，适合脚比较粗糙的人使用”……孩子们惊叹于调料妙用之多，也疑惑于这些说法是

**抓住活动的延续效应，嫁接活动的创意点子，为活动画上意犹未尽的句号，是教育的功力窥见。**

否真实。家长们带着孩子一同学习、实践、研究、求证。关于油盐酱醋的探究活动让亲子生活变得充实。

劳动让生活更美好，学习让认识更智慧。孩子们利用假期时间，学习做力所能及的家务，感受家庭劳动的奇妙和有趣。他们与“油盐酱醋”打交道，清洗调料瓶，探究调料的保质期、颜色、气味、口感和妙用等，让调料给生活增欢笑。

**这个暑假过得不寻常，让孩子们与日常生活料理的调味品外包装保洁与其用途的了解发生勾连，获得近在身边的“意外”收获。由此可见，育人随处可行，只要用心去发现。**

## “人可”说

学校教育，尤其是育人，如何有针对性地开展，且收到预期效果，确是一道待解的“方程题”；如何利用好时空条件，设计出意料之外、情理之中的育人情景，演绎出举一反三的育人故事，创生出学生成长的经典意象，也确是摆在学校和教师面前的“必答题”。

在这则发现故事中，我们似乎找到了学校在运用教育规律方面的潜质，看到了学校在结合生活实例、摒弃空洞说教方面取得的进展。

生活是最生动活泼、最新鲜感人的，也是最贴近学生实际的。学生并不排斥生活，只是尚未有正确的生活认知与态度。学校如能交与学生一把打开“进入”生活的钥匙，学生就能在真正的生活中解读生活。

教育是生活的“复写”，生活是育人的“临摹”。学校给予的有多真，学生获得的就有多丰。学生成长永远不缺“料理”，只要发现合理的配料、合适的“烹饪”方法。

# 后 记

《成长的“创意”——立德树人的51个“发现”》即将付梓。想起写这本书的缘由，总是感觉始于“发现”，终于发现。这还得从我成为语文名师说起，我坚定地认为：与所有学科一样，语文教学更是人类的心智活动。既然是活动，就有方法论存在其中，探索与寻觅这种方法就离不开我们积极的“发现”。

语文教学，能发现的空间特别大。阅读文本，发现了教参的遗珠之憾；批批作业，发现了课堂改进的空间；走走学生家里，发现家庭教育重要性的具体内容；每每与学生交流，发现教学相长，培植学生学习兴趣是关键，重要的是在语文学习的过程，让他们感受祖国文字之美、语言文化之美，从而培养他们的爱国热情和文化认同。

这种发现一直游荡在有意无意之间，行走在探索探究路上，非常特别，因为它们具有原创意义和偶拾价值。

原创意义具有真实性、启示性、指向性，偶拾价值具有不可预见性、偶然性，以及不可复制性，就像道尔顿因为把红袜子看成蓝袜子就发现了色盲一样，有点神秘，但结果是造福了人类。教育的发现，一方面给予教育工作者无限敞亮的思想启迪，另一方面更好地帮助我们科学、人文地担当教书育人的任务，为我们的学生成长开通一条自由之路。

2015年，我做了校长，发现立德树人才是我最重要的工作。立德树人是教育的生命和灵魂，也是教育的本质要求和价值诉求。

立德树人，简而言之，就是让我们的学生健康地成长。

如何做到？从一般管理规律来看，需要解决的问题应该是育人的方法、路径、价值的问题。这是常识，无须赘言。如何结合学校学生的实际情况，需要我们做好大量的先期工作，比如调查问卷、实地观察、数据分析、理论学习，还有请教专家等。在我们做这些工作的过程中，会惊喜地发现：就一所学校的学生成长的机制创设而言，大凡可以将课程育人、文化育人、实践育人、管理育人、协同育人作为立德树人的工作点位的，每个学校的侧重点是有所不同的。点位的确定清朗了我们的工作重心，但认识不等于实践，思想不等于行动。我们发现，如果机制落实不到操作层面，工作目标的实现仍将停留在战略层面，于是我们就从系统论的角度考虑这个问题，将立德树人的育人工程内容落实到战术层面，做到每一个工作目标都要细致化、精致化、项目化、体验化和活动化。检验某一工作内容的实效性时我们发现，活动化应该成为立德树人工作的突破口，这样可以此来检验学校立德树人教育体系的可行性与有效性。

学校的活动很多，这是好事，我们明白，学校有些活动的路径确实需要固守，这也是对学校优秀传统教育的遵从与弘扬，但如何为这些形式与内容相对程式化、固定化的活动加注新的创意是一个大问题，这里就需要我们具备创意的发现本领。比如升旗仪式，学生参加的兴趣与激情减弱了，是达不到教育效果的。如何使这一类活动发挥教育意义，就需要我们去发现活动的创意。升旗仪式，我们就从四个方面去做好这件事情：一是提高全体教师的认识，二是安排班主任出门取经学习，三是增加学生训练机会，四是纳入班级文化考核机制。如此创意，一方面调动了老师的积极性，另一方面也调动了学生的积极性。升旗仪式变成了一种重新焕发教师工作激情、重新塑造学生心灵的一种教育，非常美好。

类似这种活动创意的发现，同样适合于其他活动，关键需要新的创意。而这种带有特殊创意的活动价值，也是需要发现的，比如我们的毕业典礼就是如此。毕业典礼在“我在二十年后等你——写一封给自己的信”的时光宝盒里举行，留一封二十年自己亲自开启的信件，新鲜、有趣、耐人品味，想不到的是活动的形式，说不完的是活动过程，期待的是未来。未来可期，二十年后，学生拿到二十年前的信件，可以回忆过往，更重要的是二十年里的激励价值会伴随着孩子的生活、学习以及人生。非常明显，这个大胆的、适合学生认知的创意发现需要一种智慧，需要一份爱心，需要一份教育的社会荣誉感和责任感。

不用怀疑，所有的活动，活动的路径需要发现，活动的创意需要发现，活动的价值更需要发现。三者缺一不可，互为补充，才能至臻至美。当然活动有时需要效益预设，但是如何让活动的意义得到进一步的延伸和拓展，需要落实到活动的管理机制层面，是确保我们所有活动效益最大化的关键问题。我们已经在立德树人的育人工作上做了多年的探索，并且取得若干成绩。我们坚信：只要在成长的创意中不断地发现，我们将会取得更大的成功。

在本书出版过程中，奉贤区教育局长施文龙亲自写序，对我的“发现”予以充分的肯定，给了我工作的力量。正高级教师，上海市特级校长、特级教师金哲民老师读后深为感动，作了一个长序，对书稿的内容以及书稿可能产生的作用，做了一个详细而又精准的说明，对我很有启发；出版社对书本的体例做了极为专业的安排；学校同事刘桑、朱莉、谢萍等提供了部分德育活动的素材，并对素材做了修改。此书为了进行家校社协同教育研究而编写，许多师生、家长及社会各界人士“入镜”。我向这些朋友表示衷心感谢！出了一本书懂了许多的道理，也获得了更深刻的发现：一样事情做成功，一群人的帮助重要；获得帮助是一种福报，我要珍视这份福报。

教育正在发生，发生需要创意，创意盼望发现。就此循环，我再次“发现”：噢，教育，永在发现的路上，发现好也是一种教育。

何春秀

图书在版编目（CIP）数据

成长的“创意”：立德树人的51个“发现”/何春秀著. — 上海：文汇出版社, 2021.6

ISBN 978-7-5496-3520-7

Ⅰ. ①成… Ⅱ. ①何… Ⅲ. ①品德教育－教学研究－小学 Ⅳ. ①G621.6

中国版本图书馆CIP数据核字（2021）第080968号

**成长的“创意”**

——立德树人的 51 个“发现”

作　　者 / 何春秀
责任编辑 / 张　涛
装帧设计 / 王　翔

出 版 人 / 周伯军

出版发行 / 文匯出版社
上海市威海路755号（邮政编码200041）
经　　销 / 全国新华书店
印刷装订 / 上海丽佳制版印刷有限公司
版　　次 / 2021年6月第1版
印　　次 / 2021年6月第1次印刷
开　　本 / 787×1092 1/16
字　　数 / 176千
印　　张 / 15.5

ISBN 978-7-5496-3520-7
定　　价/ 88.00 元